BARBE-D'OR

DRAME HISTORIQUE EN CINQ ACTES

PAR

Mme LOUIS FIGUIER

PARIS
CALMANN LÉVY, ÉDITEUR
ANCIENNE MAISON MICHEL LÉVY FRÈRES
RUE AUBER, 3, ET BOULEVARD DES ITALIENS, 15
A LA LIBRAIRIE NOUVELLE
—
1876

Droits de reproduction, de traduction et de représentation réservés

BARBE-D'OR

DRAME HISTORIQUE EN CINQ ACTES

Représenté pour la première fois à Paris, sur le théâtre Beaumarchais,
le 22 avril 1876.

DU MÊME AUTEUR.

GUTENBERG, drame historique en cinq actes.
LES PELOTONS DE CLAIRETTE, comédie en un acte.
LE PRESBYTÈRE, drame en trois actes.
LA VIE BRULÉE, comédie en deux actes.
LA PARISIENNE, comédie en un acte.
LE PIED-A-TERRE, comédie en un acte.
LES PILULES DE M. BRANCOLAR, comédie en un acte.
LA FRAISE, comédie en un acte.
L'ENFANT, drame en quatre actes.
LA DAME AUX LILAS BLANCS, comédie en deux actes.

Typographie Lahure, rue de Fleurus, 9, à Paris.

BARBE-D'OR

DRAME HISTORIQUE EN CINQ ACTES

PAR

M. LOUIS FIGUIER

PARIS
CALMANN LÉVY, ÉDITEUR
ANCIENNE MAISON MICHEL LÉVY FRÈRES
RUE AUBER, 3, ET BOULEVARD DES ITALIENS, 15
A LA LIBRAIRIE NOUVELLE

—

1876

Droits de reproduction, de traduction et de représentation réservés.

PERSONNAGES.

BARBE-D'OR	MM. Débrutère.
Le Baron DE COUDRAY	Constant Théry.
Étienne MARCEL............................	Emmanuel.
GUILLAUME CALLE...........................	Beaulieu.
ANSELME	Bonnard.
LÉONARD.....................................	Desnoyers.
FULGRAND...................................	Lambert.
GILLE MARCEL...............................	Dernesty.
DENIZORT....................................	Vilers.
TAURATZ.....................................	Vivier.
RALPH..	Prosper.
Un bateleur.................................	Louis.
Un jongleur.................................	Pacot.
Deux échevins..............................	
MAGUELONNE................................	Mmes Weber.
ISOLIN..	Jeanne Théry.
PENTECÔTE..................................	Emma Pucet.
BÉRENGÈRE..................................	Beaulieu.
BRUNETTE....................................	Jenny Rose.
PÂQUETTE....................................	Alida.

Bourgeois, Bourgeoises, Paysans, Paysannes, Archers, Pages, Truands, Enfants.

La scène se passe en 1358, dans le Beauvoisis et à Paris.

S'adresser, pour la mise en scène détaillée, à M. Vilers, régisseur du théâtre Beaumarchais, et pour la musique, à M. Oray, chef d'orchestre.

BARBE-D'OR

PREMIER ACTE

LES TRUANDS.

La campagne. — Au fond, un sentier. — A droite, quelques chaumières; à gauche, un banc de bois. — Au premier plan, un banc de gazon.

SCÈNE PREMIÈRE

MAGUELONNE, BRUNETTE (Maguelonne est assise sur le banc de bois, une corbeille sur les genoux. Brunette, agenouillée devant Maguelonne, met des fraises dans la corbeille), puis RALPH, portant une tente pliée; TAURATZ, portant une couverture; PENTECÔTE. (Ils sont vêtus de haillons pittoresques.)

TAURATZ.

Halte!... (Ralph met la tente à l'extrême droite.)

Étendant la couverture par terre.

Tu dois être fatiguée, Pentecôte; voilà pour toi.

(Pentecôte s'allonge à demi sur la couverture.)

Les belles ripailles que nous allons faire ici !

MAGUELONNE.

Ici ? (Elle soupire.) Ah ! vous ne savez pas où vous êtes !

TAURATZ.

Pardon, la belle enfant ! Ce hameau s'appelle le hameau de Formerie. (Montrant la gauche.) De ce côté est le château de Coudray, n'est-ce pas ? (Montrant la droite), et là-bas la ville de Beauvais. Eh bien, nous sommes en plein Beauvoisis! Le gibier y est abondant (il porte une gourde à ses lèvres), le vin excellent, les filles .. jolies !

RALPH.

Et cela nous suffit.

BRUNETTE, qui a fini de remplir la corbeille, se levant.

Mais pour camper ici il faut une permission du baron de Coudray.

TAURATZ.

Une permission ? Bah ! nous la prenons partout, sans la demander. (Il se couche par terre.)

MAGUELONNE, qui a mis la corbeille sur le banc, se levant.

D'où venez-vous ?

TAURATZ.

D'où viennent les hirondelles.

BRUNETTE.

Et où allez vous ?

TAURATZ.

Où le vent nous pousse.

BRUNETTE.

Quel est votre métier ?

RALPH.

Ce n'est pas un métier, mais vingt métiers que nous avons !

BRUNETTE.

Vingt ?

TAURATZ. (Il se lève.)

Eh oui ! Tenez, moi, je suis tondeur de chiens, d'ânes et de mulets ; chasseur de taupes, de rats et de souris ; fabricant de paniers, de panaches et de grelots.... de plus, arracheur de dents.... de plus, préparateur d'onguents pour les engelures.... de plus, inventeur de philtres pour se faire aimer.... de plus, cuisinier en chef d'une compagnie de Truands, dont Ralph et moi sommes les éclaireurs !... (Pentecôte, qui s'est levée et s'est peu à peu rapprochée du banc, jette des regards de convoitise sur la corbeille de fraises.) (A Pentecôte.) Ah ! ah ! Pentecôte ! Ces belles fraises te font envie ! Prie ces jeunes filles de t'en donner. Elles ne te refuseront pas, j'en suis sûr.

MAGUELONNE.

Hélas ! nous voudrions pouvoir offrir ces fraises à cette pauvre femme ; mais elles ne nous appartiennent pas ; elles appartiennent au baron de Coudray.

GUILLAUME, à la cantonade.

Maguelonne ! Maguelonne !

SCÈNE DEUXIÈME

LES MÊMES, GUILLAUME, portant quelques épis verts.

MAGUELONNE, joyeusement.

Ah ! Guillaume !... Qu'apportes-tu là ?

GUILLAUME.

Regarde !

MAGUELONNE.

Des épis de blé ! Déjà ?

GUILLAUME.

Oui, il ne leur manque qu'un peu de soleil pour les dorer !

MAGUELONNE.

C'est toi qui as semé le blé, Guillaume, mais c'est le baron de Coudray qui récoltera la moisson !

TAURATZ.

Pourquoi ?

GUILLAUME.

Parce que je suis un manant, un vilain, un serf ! (Amèrement.) Eh bien, non, je ne suis pas même un manant, un vilain ni un serf ; car ceux-là ont une mère, pour leur apprendre à souffrir (sourdement) et moi, je n'ai pas eu les baisers d'une mère !... (Mouvement de Tauratz.) On m'a trouvé un soir, à demi mort, sur une marche du couvent de Saint-Jérôme. J'avais dû être abandonné par une pauvre femme qui ne pouvait plus me nourrir, car les langes grossiers qui m'enveloppaient étaient en lambeaux.... Les religieux de Saint-Jérôme voulaient m'adopter, mais l'écuyer du baron de Coudray s'y opposa. Il me prit et me jeta dans la première chaumière ouverte.... Guillaume Calle, le paysan qui l'habitait, me donna son nom; c'est tout ce qu'il pouvait me donner, et le baron de Coudray eut un vassal de plus.

TAURATZ.

Eh bien?

GUILLAUME.

Eh bien, le baron de Coudray est un seigneur implacable qui opprime et torture indignement les Jacques!

TAURATZ.

Les Jacques?

GUILLAUME.

C'est ainsi que les seigneurs appellent les paysans. Pour le baron de Coudray les Jacques sont un bétail humain! Oui, je suis moins qu'un cheval; car le baron de Coudray nourrit son cheval, et moi, il me laisse mourir de faim! (Avec dédain.) Je suis moins qu'un gerfaut, car le gerfaut du baron a éperon et mantel, et moi je suis à peine vêtu! (Tristement.) Je suis moins qu'un chien, car le baron caresse son chien, et moi il me fait fustiger!... (Avec colère.) Je ne suis rien, car je ne puis avoir ni désir, ni volonté, ni conscience!.... Lorsque le baron de Coudray veut guerroyer, il me prend, pour porter son armure; lorsqu'il a besoin d'argent, il prend mes deniers, et lorsqu'il veut cultiver son domaine, il prend mes bras et mes forces!

(Pentecôte, qui n'a pas cessé de regarder Guillaume, s'approche de lui).

GUILLAUME, à Tauratz.

Quelle est cette femme?

TAURATZ.

C'est une pauvre folle. Il y a une vingtaine d'années, nous la vîmes arriver au milieu de la compagnie, les cheveux épars et les vêtements en désordre. Elle ne put rien nous dire, pas même son nom.... Et nous l'avons baptisée Pentecôte, en souvenir du jour où nous l'avons recueillie.

MAGUELONNE.

Eh bien, je crois savoir qui est Pentecôte.

GUILLAUME.

Toi, Maguelonne?

MAGUELONNE.

Oui... ce que le truand raconte de cette femme, son âge, sa folie, tout indique que ce doit être Jeanne, la nourrice du fils du baron de Coudray.

GUILLAUME.

Que dis-tu?

MAGUELONNE.

Chaque jour, Jeanne portait le petit Robert dans une prairie, où il pouvait jouer sans danger. Mais un soir, la nourrice ni l'enfant ne rentrèrent au château, et toutes les recherches pour les retrouver furent inutiles. Jeanne était-elle déjà folle? qu'avait-elle fait du nourrisson qu'elle adorait? La pauvre femme ne pourra jamais le dire, puisqu'elle a perdu la mémoire et la raison. Mais fasse le ciel que le baron ne la rencontre pas!... Il la tuerait!

PENTECÔTE.

Il la tuerait?

GUILLAUME.

On dirait qu'elle comprend!

TAURATZ.

Je ne sais pas si elle comprend tout ce qu'on dit, mais elle exprime fort bien ce qu'elle éprouve. Et tiens, ses yeux ne te disent-ils pas qu'elle a déjà de l'affection pour toi?

GUILLAUME.

C'est vrai! Eh bien, Pentecôte, Maguelonne et moi, nous te donnons aussi notre amitié.

PENTECÔTE.

Maguelonne?

GUILLAUME.

C'est ma fiancée; nous n'avons qu'un seul cœur à nous deux.

PENTECÔTE, leur prenant les mains.

A vous deux!....

RALPH, regardant au fond.

Mais qui donc nous arrive?

TAURATZ.

C'est le vieux père Anselme et le petit Isolin.

SCÈNE TROISIÈME

Les Mêmes, ANSELME, ISOLIN.

ANSELME, une gerbe de fleurs à la main.
Bonjour, les amis.

MAGUELONNE.
Soyez le bienvenu, père Anselme.

BRUNETTE.
Oui, car vous arrivez toujours le cœur ouvert et les mains pleines.

TAURATZ, regardant les fleurs.
Des fleurs? voilà le gibier de père Anselme. Quel singulier chasseur vous faites!

ANSELME.
Eh bien, Tauratz, je n'échangerais pas ma chasse, comme tu appelles mon butin, contre tout l'or du monde! Car l'or ne peut donner la santé, et ces fleurs la rendront peut-être à quelques malades!

RALPH.
Et où avez-vous trouvé ces fleurs?

ANSELME.
Dans la grande prairie!... Isolin et moi, nous herborisions, quand tout à coup nous avons entendu résonner le cor du baron de Coudray.

PREMIER ACTE.

ISOLIN.

Alors, nous avons fui de toute la vitesse de nos jambes !

ANSELME.

Et maintenant elles ne peuvent plus me soutenir, mes vieilles jambes. (Il se laisse tomber sur le banc de bois.)

ISOLIN, tombant près de lui.

Nous tombons de fatigue. (On entend sonner du cor.)

ANSELME.

Écoutez !... Grand Dieu ! c'est lui !...

RALPH.

Le baron de Coudray ?

GUILLAUME.

Oui, ce cor annonce son approche. A ce signal, des enfants accourent avec des fleurs.... (Des enfants entrent par le fond, avec des bouquets de fleurs.) des hommes apportent du gibier et de la venaison.... (Des paysans entrent portant du gibier.) des femmes, leur toile la plus blanche.... (Des paysannes sortent des chaumières portant un rouleau de toile.) des jeunes filles choisissent les fruits les plus beaux... (Maguelonne et Brunette prennent la corbeille de fraises), et chacun attend le baron pour lui offrir la richesse de la terre et le sourire de la jeunesse. (On entend le cor de plus près.)

BRUNETTE.

Le voilà !

TAURATZ, à Pentecôte.

Vite, Pentecôte ! cache-toi là ! (Il fait passer Pentecôte à l'extrême droite.) Et, par Belzébuth ! je ferai bonne garde !

MAGUELONNE.

Malgré moi, je tremble!

SCÈNE QUATRIÈME

Les mêmes, DE COUDRAY, LÉONARD, FULCRAND, ARCHERS, PAGES, etc. (Ils arrivent par la droite.)

DE COUDRAY, à Léonard.

Et moi, messire barbier, je vous dis que l'hiver sera rude!... (Aux paysans.) Manants, serfs et vilains!.. il me faut cette année double provision de bois, de blé et de bétail. J'ai amené des chariots.... des archers surveilleront le chargement.... Allez!.... (Les paysans sortent).

A Léonard.

Et maintenant, qu'on me serve!

LÉONARD, à Fulcrand.

Par saint Léonard, mon patron! comment monseigneur pourra-t-il dîner ici, messire écuyer?

FULCRAND.

Par les cornes du diable! monseigneur ne rentrera pas au château sans avoir dîné, messire barbier!

DE COUDRAY.

Allons, Léonard, qu'on dresse la table!

LÉONARD.

La table? c'est qu'il n'y a pas de table, monseigneur!

DE COUDRAY, montrant une chaumière.

Eh bien, qu'on prenne celle qui est dans cette chaumière.

GUILLAUME.

Mais il y a dans cette chaumière un vieillard malade, monseigneur!

DE COUDRAY.

Fulcrand, as-tu entendu?

FULCRAND.

J'entends toujours, monseigneur! (Il entre dans la chaumière, et en revient portant une petite table, qu'il met au milieu du théâtre.) (A Léonard.) Par la barbe de Satan, tu n'aurais pas songé à ça, toi?

LÉONARD.

Ma foi! non!

DE COUDRAY.

Maintenant, la nappe!

LÉONARD.

La nappe? mais il n'y a pas de nappe, monseigneur!

FULCRAND.

Il est facile d'en faire une! (Il prend la toile des mains des paysannes et l'étend sur la table. Les paysannes rentrent dans leur chaumière.)

GUILLAUME, à part.

Pauvres femmes! le travail de toute l'année!....

DE COUDRAY.

Léonard, un siége!

LÉONARD.

Un siége?... Il n'y a pas de siége, monseigneur!

DE COUDRAY, montrant le banc de bois.

Ce banc!

LÉONARD.

Mais il y a le père Anselme!

FULCRAND.

Par les pavés de l'enfer, je le forcerai bien à se lever! (Il met la main sur l'épaule d'Anselme.)

ANSELME, faisant des efforts pour se relever, et retombant.

Pardonnez-moi; mais je suis si vieux, et si fatigué!

DE COUDRAY.

Depuis quand reste-t-on assis devant moi?

FULCRAND.

Allons! debout!

ANSELME, se levant et faisant lever Isolin.

Appuie-toi sur moi, Isolin : deux faiblesses réunies deviennent une force.

DE COUDRAY, apercevant les fleurs.

Tu as cueilli ces fleurs sur mes terres, moine, et ce qui vient du domaine de Coudray m'appartient. (Il prend les fleurs et les jette sur le banc.)

ANSELME.

Me réclamerez-vous aussi le rayon de soleil qui a réchauffé mon corps, et l'air que j'ai respiré en traversant la forêt?

DE COUDRAY, la main sur la garde de son épée.

Prends garde!

ANSELME, présentant la poitrine.

Frappe!... Ma vie est à toi.

DE COUDRAY, avec dédain.

Heu!... la vie d'un moine? Ça n'en vaut pas la peine.... J'aime mieux dîner! (Fulcrand a porté le banc de bois derrière la table.) (Les pages ont mis sur la table la vaisselle et les mets qu'ils avaient apportés dans une petite caisse. Ils ont pris aux enfants les fleurs, et à Maguelonne la corbeille de fraises, pour le milieu de la table.) (Anselme et Isolin sont allés s'asseoir sur un tertre, au fond du théâtre.)

FULCRAND.

Monseigneur est servi!

DE COUDRAY, s'asseyant.

Eh bien (montrant Maguelone et Brunette), que ces deux jolies filles soient mes échansons! L'une me versera le vin blanc, l'autre le vin rouge. (Maguelone et Brunette se placent à ses côtés. — Les enfants se rapprochent peu à peu de la table.) Que veulent ces enfants?

LÉONARD.

Du pain.

DE COUDRAY.

Qu'on les chasse!

GUILLAUME.

Ils ont faim, monseigneur!

DE COUDRAY.

Or çà! Fulcrand, il n'y a donc plus de fouet pour fustiger cette graine de manants!... (Fulcrand chasse les enfants à coups de fouet.)

LÉONARD, à voix basse à Brunette.

Par sainte Catherine, patronne des jeunes filles

me voilà près de toi, Brunette, et tu ne me dis rien?

BRUNETTE.

Non, quand le baron est là, j'ai trop peur.

LÉONARD.

Moi aussi j'ai peur, mais cela ne m'empêche pas d'avoir une foule de choses à te dire!...

BRUNETTE.

Eh bien, dis-les.

LÉONARD.

Je te les dirai.... (De Coudray présente son verre à Brunette) une autre fois.

BRUNETTE.

Eh! par saint Nicodème, c'est toujours comme ça!

DE COUDRAY.

Léonard! j'ai fini! (Il se lève.) (Les pages emportent la table.) (Arrêtant Maguelonne et Brunette du geste.) Je n'ai pas fini de boire! (Il tend son verre à Maguelonne.)

PENTECÔTE, sortant en rampant de dessous la tente.

J'ai soif!

TAURATZ s'élance vers elle et lui fait un rempart de son corps.

Oh! s'il la voit, elle est perdue!

DE COUDRAY.

Qui a parlé?

RALPH.

Moi!...

DE COUDRAY.

Te moques-tu, truand? C'est une voix de femme... une voix que je connais!

PENTECÔTE, se dégageant de Tauratz.

J'ai soif!

DE COUDRAY.

Ah! c'est cette femme!... Approche.... Qui es-tu?... Réponds!

TAURATZ.

Pardonnez à cette pauvre femme, monseigneur, elle est quasi-muette.

DE COUDRAY, prenant Pentecôte vivement par la main.

Or ça, voyons que je te regarde!... (Regardant attentivement Pentecôte.) Serait-ce Jeanne?... Oui! je ne me trompe pas.... c'est Jeanne! Jeanne que je cherche depuis vingt ans!

TAURATZ.

Non! c'est Pentecôte, c'est la providence des truands!

RALPH.

Pentecôte ne se rappelle rien et ne pourra rien vous dire, monseigneur....

DE COUDRAY.

Le cachot lui rendra la mémoire, le bourreau lui déliera la langue.... (Il fait un signe à un archer, qui met la main sur l'épaule de Pentecôte.)

RALPH ET TAURATZ, vivement.

Monseigneur!

DE COUDRAY.

Ah! quant à vous, truands! si vous dites un mot, si vous faites un geste, vous serez pendus haut et court!...

TAURATZ, retenant Ralph.

Chut! Prudence... patience! (plus bas) et vengeance!

DE COUDRAY, à Maguelonne.

Quant à toi, mignonne, je t'emmène au château!

MAGUELONNE, effrayée.

Moi?

DE COUDRAY.

Oh! rassure-toi, ce n'est pas pour te mettre en prison!....

GUILLAUME, s'avançant.

Monseigneur, je vous en supplie! n'emmenez pas Maguelonne!

DE COUDRAY.

Si tu murmures, drôle, le fouet de Fulcrand te caressera les épaules.

GUILLAUME.

Qu'on me frappe!.. je ne reculerai pas!... qu'on me tue,... et ma main sanglante ne vous lâchera pas!

DE COUDRAY, étonné.

Tu oses me parler ainsi, toi,... un Jacques?

GUILLAUME.

J'ose toujours défendre mon droit, monseigneur.... Maguelone est ma fiancée!

FULCRAND, menaçant.

Arrière, manant!

DE COUDRAY.

Non, laisse-le,... il ne ressemble pas aux autres... (A Guillaume.) Continue.

GUILLAUME.

Monseigneur! vous avez pris mon temps, mon

travail, mes forces, et je n'ai rien dit. Mais aujourd'hui vous voulez me prendre celle que j'aime.... Ah! je saurai l'arracher de vos bras!

DE COUDRAY.

Oh! oh! le Jacques! ceci dépasse la permission!

FULCRAND

Vous voyez bien, monseigneur!.... il mérite d'être châtié..... (Il le menace de son fouet.)

DE COUDRAY.

Oui, mais pas de ta main, Fulcrand... de la mienne. Je veux que le châtiment soit à la hauteur de son audace!

GUILLAUME, amèrement.

Oui, ce châtiment sera le fouet, le cachot.

DE COUDRAY.

Non,... mieux que cela!

GUILLAUME.

La torture?

DE COUDRAY.

Oui, la torture de ton cœur!.... Tu trouves Maguelonne jolie, tu l'aimes? Eh bien, moi aussi je la trouve jolie, je l'aime.... et, usant de mon droit, je l'emmènerai au château.

(Sur un signe de de Coudray, deux archers mettent la main sur l'épaule de Guillaume et un archer met la main sur l'épaule de Maguelonne.)

GUILLAUME.

Et ne pouvoir me venger!

TAURATZ, qui s'est rapproché de Guillaume.

Si!... peut-être.... Écoute!..... (On entend une fanfare.)

DE COUDRAY.

Quelle est cette fanfare?

TAURATZ.

Cette fanfare annonce la compagnie. La compagnie est conduite par un chef, et ce chef a pour habitude de protéger les faibles et de braver les puissants, monseigneur....

RALPH.

A bon entendeur salut!

DE COUDRAY.

Un chef de gueux braver un seigneur? (Il rit.) Ah! ah!

TAURATZ.

Vous changerez peut-être de langage, monseigneur, quand vous saurez que ce chef s'appelle Barbe-d'Or.

DE COUDRAY, pâlissant.

Barbe-d'Or! le capitaine des truands?

TAURATZ.

Lui-même! Voyez.... Mais voyez donc, monseigneur!

(On voit Barbe-d'Or, suivi de truands, descendre le sentier.)

DE COUDRAY, à part.

Je ne vois que trop.... Je vois qu'il faut céder la place. (Haut.) Partons, Fulcrand!... Allons! en route!

SCÈNE CINQUIÈME

Les Mêmes, BARBE-D'OR, TRUANDS.

BARBE-D'OR.

Pardon, baron de Coudray, mais cette femme (il montre Pentecôte) fait partie de la compagnie; et vous ne l'emmènerez pas !

DE COUDRAY.

Cette femme a fait disparaître mon fils... elle appartient au bourreau !

BARBE-D'OR.

Cette femme n'est pas une coupable, mais une pauvre folle. Il ne faut pas la punir, il faut la plaindre. (Il prend Pentecôte par la main.) D'ailleurs, Pentecôte s'est mise sous ma protection, et je saurai la défendre ! (Il la fait passer du côté des Truands.) (Regardant Guillaume.) Mais, si je ne me trompe, voilà un Jacques qu'on va conduire en prison... (A Guillaume.) Quel est ton crime ?

GUILLAUME.

D'aimer cette jeune fille. (Il montre Maguelonne.)

BARBE-D'OR.

Et le baron de Coudray veut l'enlever à ton amour... Je comprends....

DE COUDRAY.

Que tu comprennes ou non, je t'engage à passer ton chemin, truand !

BARBE-D'OR.
Et moi, je t'engage a ne pas te trouver sur le mien, baron !

DE COUDRAY.
Ah! tu le prends sur ce ton! (Aux archers.) Archers, conduisez cet homme en prison (il montre Guillaume) et cette jeune fille au château ! (Il montre Maguelonne.)

BARBE-D'OR.
Archers, je vous interdis de toucher à l'un ni à l'autre....

DE COUDRAY.
Et de quel droit donnes-tu ici des ordres ?

BARBE-D'OR, tirant son épée.
Du droit de mon épée !... Qui s'attaque à des gens sans défense, s'attaque à moi !.... En garde! baron de Coudray !

DE COUDRAY.
Me battre avec toi, chevalier d'aventures? Allons donc?

BARBE-D'OR.
C'est mon épée qui fera honneur à la tienne; car mon épée est celle du comte de Balaruc, et le comte de Balaruc était mon père!

DE COUDRAY.
Et pourquoi ne t'appelles-tu pas le comte de Balaruc ?

BARBE-D'OR.
Parce que je n'ai rien voulu devoir qu'à moi-même. Et j'ai pris le nom de Barbe-d'Or (gaiement) de la couleur de ma barbe.... Le truand qui te parle est donc

plus noble que toi.... Je ne suis pas ton vassal, je suis ton égal, et ma vie vaut la tienne!

DE COUDRAY. (Il tire son épée.)

Eh bien alors, défends-la. (Ils se battent. Portant la main à sa poitrine.) Par l'enfer, il m'a touché! (Il laisse tomber son épée.)

LÉONARD, soutenant de Coudray.

Par saint Babylas, patron des blessés, monseigneur hors de combat!

FULCRAND.

Par les cornes du diable, monseigneur prendra sa revanche!

BARBE-D'OR à de Coudray, lui tendant son épée.

Voici votre épée, baron de Coudray. Mais, en échange, vous me donnerez Guillaume et Maguelonne. (Mouvement de Coudray.) Ah!... c'est l'usage! Le vaincu paye les frais de la guerre!... A moins que vous préfériez recommencer.... Seulement, je vous en avertis, la première fois c'est une simple égratignure, mais la seconde ce sera une vraie blessure.... Voulez-vous essayer?

DE COUDRAY.

Non.... non!.... (avec effort) Guillaume et Maguelonne sont libres....

(Les archers, sur un signe de de Coudray, lâchent Guillaume et Maguelonne.)

BARBE-D'OR.

Bien!... Et maintenant, baron de Coudray, nous ne serons plus ennemis, je l'espère.... Vous avez vu

2

comment je me bats, je vous montrerai, quand vous voudrez, comment je guéris!

DE COUDRAY.

Pour guérir, il faut être médecin.... Sais-tu seulement lire?

BARBE-D'OR.

Ma bibliothèque vaut mieux que celle de votre château, baron, car elle est partout avec moi. Elle est vivante.,.. La voilà! (Il montre les truands.)

DE COUDRAY, haussant les épaules.

Des homme qui sont des livres!.. Ah! ah! (Il rit.)

BARBE-D'OR.

Le livre de la nature, pour celui qui sait le lire, est le meilleur de tous! Je suis devenu chirurgien en pansant les blessures de mes truands, médecin en soulageant leurs souffrances....

LÉONARD.

Par saint Pantaléon, patron des médecins! vous qui souffrez quelquefois de la goutte comme un damné, monseigneur, Barbe-d'Or vous guérirait peut-être.

DE COUDRAY, pensif.

Peut-être!... (Haut.) Eh bien, sans rancune, médecin de cape et d'épée!

BARBE-D'OR.

Sans rancune, baron d'estoc et de taille!...

DE COUDRAY.

Fulcrand! au château!... Allons, Léonard! (Il sort.)

(Léonard lutine Brunette.)

DE COUDRAY, en dehors.

Léonard!... barbier du diable!

LÉONARD.

Mais non! barbier de votre seigneurie!... (Il sort, en envoyant des baisers à Brunette).

SCÈNE SIXIÈME

BARBE-D'OR, ANSELME, ISOLIN, GUILLAUME, MAGUELONNE, TAURATZ, RALPH, PENTECÔTE, TRUANDS.

ANSELME (qui s'est levé, ainsi qu'Isolin) (à Barbe-d'Or).

Maintenant que ce baron de malheur est parti, je veux te faire un présent, Barbe-d'Or.

BARBE-D'OR.

A moi?

ANSELME.

Oui.

BARBE-D'OR, riant.

Tu veux me donner un joyau?

ANSELME.

Non; mon présent est plus précieux qu'un joyau.

BARBE-D'OR.

Une arme?

ANSELME.

Non; mon présent est plus précieux qu'une arme.

BARBE-D'OR.
Et quel est cet objet merveilleux?

ANSELME, prenant Isolin par la main.
Le voilà!

BARBE-D'OR.
Isolin!

ANSELME.
Oui, Isolin, mon élève; Isolin, le doux latiniste; Isolin, le scribe aux blonds cheveux.... Je suis vieux, je lui manquerai bientôt. Il resterait seul, sans appui, sans ami, sans famille. Je te le donne.... C'est un page d'un nouveau genre, qui, en guise d'épée, portera une plume. Tu seras son courage, il sera ton savoir.

BARBE-D'OR, à Isolin.
Mais toi, Isolin, veux-tu te donner à moi?

ISOLIN, mettant un genou en terre
Mon cœur et mon âme vous appartiennent, maître.

BARBE-D'OR.
Eh bien, mon gentil page, buvons à l'alliance de la plume et de mon épée. (Il fait un signe à Brunette, qui lui présente une amphore et une coupe laissées sur le banc.)

ISOLIN.
Merci, maître! je ne bois que de l'eau.

BARBE-D'OR.
Ah!

ISOLIN.
Mais laissez-moi jurer fidélité à cette noble et valeureuse épée. (Barbe-d'Or présente son épée à Isolin, qui étend la main.

BARBE-D'OR, à Guillaume, qui s'est laissé tomber pensif, sur le banc de gazon.

A quoi penses-tu, Guillaume ?

GUILLAUME.

Je pense que demain le baron reviendra, et que tu ne seras pas là pour sauver Maguelonne.... Je pense que demain le baron me fera jeter en prison, et que ma voix ne pourra percer les murs de mon cachot.... Je pense à la révolte.... à la vengeance !

SCÈNE SEPTIÈME

LES MÊMES, PAYSANS, PAYSANNES.

GUILLAUME, aux paysans.

Manants, serfs et vilains ! vous venez de donner au baron votre bétail et votre blé. Eh bien, le baron vous demandera encore autre chose ! Il vous demandera vos sœurs et vos fiancées !... Les lui donnerez-vous ?

LES PAYSANS.

Non !

GUILLAUME.

Alors, suivez-moi tous au château de Coudray.

LES PAYSANS.

Oui !

BARBE-D'OR, s'avançant.

Arrêtez ! Le moment n'est pas venu.... (Mouvement de

Guillaume.) Pour frapper à coup sûr, Guillaume, il faut savoir attendre.

GUILLAUME.

Explique-toi.

BARBE-D'OR.

Tous les vassaux du baron de Coudray souffrent. Ce n'est donc pas seulement pour les Jacques de Formerie que tu dois demander justice, c'est pour tous les vassaux du baron de Coudray!

GUILLAUME.

Oui, je comprends! tous les vassaux du baron de Coudray doivent être délivrés ou mourir ensemble!

BARBE-D'OR.

Bien, Guillaume!... Un mois est nécessaire pour se préparer au combat.

GUILLAUME.

Un mois? C'est aujourd'hui le 28 avril de l'an de grâce 1358.

BARBE-D'OR.

Eh bien! le 28 mai de l'an de grâce 1358, que tous les paysans du Beauvoisis soient prêts à marcher contre le baron de Coudray.

GUILLAUME.

Mais qui préviendra les paysans des villages du Beauvoisis?

BARBE-D'OR.

Mes braves truands.

RALPH.

Avant demain, nous serons en route!

TAURATZ.

Avant un mois, nous serons de retour!

ANSELME, à Barbe-d'Or.

Et toi, Barbe-d'Or, que feras-tu?

BARBE-D'OR.

Je resterai à Beauvais! Ce sera mon quartier général. C'est là que je vous donne rendez-vous à tous, le 28 mai, au premier coup de l'angélus!...

GUILLAUME.

Au premier coup de l'angélus, le 28 mai, nous serons tous à Beauvais!... Mais d'ici là, que deviendra Maguelonne? Où ira-t-elle, pour fuir le baron de Coudray?

BARBE-D'OR.

Il y a à Beauvais une pauvre auberge, l'auberge du Dragon-Vert!... Les gens de cette hôtellerie me sont dévoués; Maguelonne sera là à l'abri de tout danger.

MAGUELONE.

Oh! maître! que de reconnaissance!

BARBE-D'OR.

Avant de nous séparer, mes amis, buvons aux Jacques du Beauvoisis.... Approchez. (Ralph et Tauratz prennent dans un panier des gobelets; Maguelonne et Brunette versent le vin. (Élevant son gobelet.) Salut à toi! vin généreux, qui donnes l'inspiration au poëte et la bravoure au soldat!... Salut à toi, qui réchauffes les âmes, à toi qui fais oublier la douleur, à toi qui mets dans le cœur un rayon de soleil!... J'en fais le serment, cette coupe de vin sera la dernière qui s'approchera de mes lèvres jusqu'au jour de la délivrance des vassaux de Coudray.... Amis, je bois à votre liberté!...

GUILLAUME.

Et nous, buvons à Barbe-d'Or!

TOUS.

A Barbe-d'Or!

DEUXIÈME ACTE

LE PAGE DE BARBE-D'OR

Chez Barbe-d'Or, à Beauvais.—Une salle basse.—Porte au fond.—A gauche, deux portes.—Au 1ᵉʳ plan une table et des escabeaux.—Sur la table un sablier, une lampe allumée et tout ce qu'il faut pour écrire.—A droite, une grande croisée vitrée en pan coupé, et au 1ᵉʳ plan un fauteuil et un escabeau.

SCÈNE PREMIÈRE

ISOLIN, assis devant la table, écrivant. MAGUELONNE, assise dans le fauteuil, filant sa quenouille.

MAGUELONNE.

Isolin ?...

ISOLIN.

Maguelonne !...

MAGUELONNE, tristement.

Voilà quinze jours que nous sommes à l'hôtellerie du Dragon-Vert !

ISOLIN, gaiement.

Oui ! quinze jours que je suis le page de Barbe-d'Or ! (Il se remet à écrire.)

MAGUELONNE.

Isolin ?...

ISOLIN.

Maguelonne !...

MAGUELONNE, soupirant.

Tu ne regrettes pas le grand air et le soleil de nos campagnes ?

ISOLIN, fièrement.

Regretter quelque chose lorsque je suis chez Barbe-d'Or ? Non ! (Il se remet à écrire.)

MAGUELONNE.

Isolin ?...

ISOLIN.

Maguelone !...

MAGUELONNE.

Cela ne t'ennuie pas de lire et d'écrire du matin au soir, courbé sur cette table ?

ISOLIN.

M'ennuyer lorsque je travaille pour Barbe-d'Or ? Jamais !

MAGUELONNE.

Tu aimes donc bien Barbe-d'Or ?

ISOLIN, se levant.

Si je l'aime !

MAGUELONNE.

Comme tu dis cela ?

ISOLIN.

Et comment le dirais-tu, toi, s'il s'agissait de Guillaume ?

MAGUELONNE. (Elle se lève.)

Moi, c'est bien différent; je suis femme, je suis la fiancée de Guillaume... tandis que toi....

ISOLIN amèrement.

Je ne suis que le page de Barbe-d'Or, et je ne serai jamais que son page... (Soupirant.) C'est vrai !... (S'approchant de Maguelonne.) Que c'est joli le costume d'une femme !... (Il touche ses vêtements.)

MAGUELONNE.

Eh bien! eh bien! messire Isolin !

ISOLIN

Oh ! je t'en prie, laisse moi t'admirer! Ce vêtement est aussi doux à toucher que ton nom à prononcer!.... Maguelonne ! Il serait impossible d'en faire un nom de garçon.

MAGUELONNE.

Que tu es drôle, Isolin! Comme si un nom de femme devenait jamais un nom d'homme.

ISOLIN, souriant.

Quelquefois. (A Maguelonne qui regarde le sablier.) Que regardes-tu?

MAGUELONNE.

Je regarde passer les heures.... Ah! si je pouvais faire marcher le temps plus vite!

ISOLIN

Tu penses à Guillaume?

MAGUELONNE.

Oui.... Mais comme Barbe-d'Or rentre tard aujourd'hui!... Je crains toujours quelque malheur!

ISOLIN.

Rassure-toi ; avant que le sablier n'ai fait tomber une heure, Barbe-d'Or sera ici.

MAGUELONNE.

Il te l'a dit ?

ISOLIN.

Non.... mais le pressentiment qui me trouble et m'agite, l'émotion qui fait battre mon cœur, une voix mystérieuse, tout enfin me dit que je vais le revoir!.... (A Maguelonne, qui tressaille en regardant la croisée.) Qu'as-tu donc, Maguelonne?

MAGUELONNE.

Tu dis que l'on devine l'approche de celui que l'on aime ; eh bien! on devine aussi l'approche de celui que l'on hait!.... Entends-tu ce cliquetis d'armes? Le baron de Coudray est à Beauvais... Il sait que je suis ici... Il vient me chercher... Je suis perdue!

ISOLIN.

Non, entre dans cette chambre.... (il la fait sortir par la porte de gauche, 1ᵉʳ plan) et, je le jure, le baron n'en franchira pas le seuil! (Il va écouter à la porte du fond, C'est lui ! (Il s'assied près de la table et feint de dormir.)

SCÈNE DEUXIÈME

ISOLIN, DE COUDRAY, LÉONARD, FULCRAND.
(Ils entrent par le fond.)

FULCRAND.

Par Belzébuth! la colombe a déniché.

LÉONARD.

Eh bien, j'en suis ravi!

DE COUDRAY.

Quel est cet enfant? (Soulevant la tête d'Isolin) Tiens! c'est le moinillon?

ISOLIN. (Il se lève.)

Non! c'est le page de Barbe-d'Or?

DE COUDRAY.

Ah! ah! tu es réveillé?

ISOLIN.

Quand il s'agit de mon maître, je ne dors plus, monseigneur!... Que voulez-vous?

DE COUDRAY.

Que tu m'ouvres cette porte.

ISOLIN, se mettant devant la porte.

Non.

DE COUDRAY.

Ton maître n'est pas ici, et tu oses dire non .. Je veux entrer dans cette chambre et j'y entrerai! (Il fait pirouetter Isolin.)

SCÈNE TROISIÈME

LES MÊMES, BARBE-D'OR. (Il entre par le fond).

BARBE-D'OR.

Pardon, monseigneur, je suis ici, et vous n'entrerez pas dans cette chambre.

FULCRAND, contrarié.

Barbe-d'Or !... Que le diable l'emporte !...

LÉONARD, joyeusement.

Barbe-d'Or !... Saint Clément, tu nous protèges !

BARBE-D'OR.

Pourrai-je savoir, baron de Coudray, ce que vous venez faire chez moi ?

DE COUDRAY.

Je viens voir si tu tiens ta parole, médecin porte-glaive.... Tu as promis de me guérir, je souffre.... guéris-moi !...

LÉONARD.

Il faut vous dire que monseigneur a déjà consulté tous les médecins de Beauvais.

FULCRAND.

Et qu'ils y ont tous perdu leur latin.

LÉONARD.

Moi aussi !

BARBE-D'OR.

Eh bien ! moi, qui ne sais pas le latin, je guérirai le baron de Coudray !

DE COUDRAY.

Vraiment ?

BARBE-D'OR.

Seulement il y a une difficulté.

DE COUDRAY.

Oui, nous sommes ennemis, je comprends ...

BARBE-D'OR.

Non, vous ne comprenez pas !... Barbe-d'Or, chef des Truands, vous rencontrera peut-être un jour, dans quelque bataille, et ce jour-là il fera son devoir de soldat. Mais aujourd'hui, vous venez chez lui comme malade, il fera aussi son devoir. (Il s'assied devant la table.) Vous souffrez de la goutte, n'est-ce pas ?

DE COUDRAY, portant la main à sa jambe.

Comme un damné ! (A Barbe-d'Or, qui écrit) Qu'écris-tu ?

BARBE-D'OR.

Une ordonnance..... Oui, c'est votre santé que je tiens là, sous ma plume. (Montrant un parchemin) La voilà !

DE COUDRAY.

Donne !

BARBE-D'OR, écartant le parchemin.

Pas encore. Et la petite difficulté ?... si elle allait ne pas s'aplanir ?

DE COUDRAY.

De quoi s'agit-il ?

BARBE-D'OR (il se lève).

Du prix de ma consultation.

DE COUDRAY.

Que veux-tu ?

BARBE-D'OR, riant (il s'assied sur le bord de la table).
Beaucoup d'argent.

DE COUDRAY.
Je croyais que tu ne vendais pas ta science, médecin des gueux.

BARBE-D'OR.
Je soigne les manants gratis, c'est vrai ; mais les seigneurs, jamais !

DE COUDRAY.
Enfin, combien veux-tu ? parle.

BARBE-D'OR.
Cent livres tournois

DE COUDRAY.
Tu es fou.

BARBE-D'OR (il se lève).
La santé, voyons, cela vaut bien cent livres tournois !

DE COUDRAY.
Cinquante !

BARBE-D'OR.
Soit ; mais je couperai le parchemin en deux.... (il fait le geste de déchirer le parchemin) et je vous en donnerai la moitié !

DE COUDRAY, vivement.
Non, non, non !... Mais à quoi diable emploieras-tu mes cent livres tournois ?

BARBE-D'OR.
A vous faire la guerre, monseigneur.

DE COUDRAY.
Tu te moques.

BARBE-D'OR.

Du tout, vous voilà averti

DE COUDRAY.

Et si je refuse le marché?

BARBE-D'OR.

Vous garderez votre goutte.

DE COUDRAY, portant la main à sa jambe.

Aïe!...

BARBE-D'OR.

Et je vous ferai la guerre tout de même!

DE COUDRAY, à Isolin.

Eh bien! page, écris!... (Isolin écrit sous sa dictée.) « Moi, Raymond, baron de Coudray, je m'engage à payer cent livres tournois à Barbe-d'Or, chef des Truands, après ma guérison. » Maintenant, page, fais le cachet. (Isolin présente un bâton de cire à la lampe, puis fait le cachet.) Voici ma signature. (Il pose le pommeau de son poignard sur le cachet. Il prend le parchemin et le tend à Barbe-d'Or.) Elle vaut ta parole.

BARBE-D'OR.

Eh bien! échangeons l'une contre l'autre.

(Ils échangent leurs parchemins).

DE COUDRAY.

Mais je n'ai pas signé que je renonçais à Maguelonne. (Apercevant la quenouille que Maguelonne a laissée sur un escabeau.) Je ne m'étais pas trompé! Maguelonne est ici!

ISOLIN, vivement.

Non! cette quenouille est celle de la chambrière.

BARBE-D'OR.

Pourquoi mentir, page? Elle appartient à Maguelonne.... (regardant de Coudray dans les yeux) à Maguelonne qui est sous ma protection, baron de Coudray!... (Isolin remonte à la table et se remet à écrire.) Maintenant un conseil, je vous engage à sortir d'ici avant qu'on sache que vous y êtes entré.

DE COUDRAY.

Et pourquoi donc?

BARBE-D'OR.

Parce que depuis quelque temps vous n'êtes pas en bonne odeur auprès du peuple et des bourgeois de Beauvais!

DE COUDRAY.

Eh bien! je mettrai à la raison le peuple et les bourgeois.

BARBE-D'OR.

Je parierais pour le contraire.

DE COUDRAY, haussant les épaules.

Comment des gens sans armes pourraient-ils attaquer mon château?

BARBE-D'OR.

Nous ne sommes pas ici dans votre château, monsieur; nous sommes dans une hôtellerie. Il y a là, sous cette fenêtre, des bourgeois sans armes, eh bien, à votre place, je ne serais pas rassuré....

DE COUDRAY.

Pourquoi? Je n'ai rien fait aux bourgeois de Beauvais?

BARBE-D'OR.

A eux, non, mais si fait à vos paysans.

DE COUDRAY.

Et en quoi les souffrances de mes paysans peuvent-elles toucher les bourgeois de Beauvais?

BARBE-D'OR.

Vous allez le comprendre, monseigneur.... Autrefois, vos paysans apportaient au marché de Beauvais du bétail, du laitage et des fruits, et ils en rapportaient des outils, des étoffes et des meubles. Ce commerce faisait vivre manants et bourgeois. Mais un jour, vous avez voulu vous approprier tout ce que les paysans récoltent; et les paysans n'apportant plus rien aux bourgeois, les uns et les autres meurent de faim.... Ce que vos Jacques pensent tout bas, dans les campagnes, les bourgeois le disent tout haut dans la ville.... (Rumeur sous la fenêtre.) Et tenez, on a aperçu vos archers à la porte de l'hôtellerie.... et voilà les bourgeois qui commencent à murmurer! (Regardant la fenêtre.) Ah! ah! la foule grandit et avance.

DE COUDRAY.

Ah! je saurai bien la faire reculer! (Il s'élance à la fenêtre.)

BARBE-D'OR.

Prenez garde, cette croisée est de plain-pied avec la rue... N'ouvrez pas!

CRIS AU DEHORS.

Sus au baron de Coudray!

BARBE-D'OR.

Vous entendez !

DE COUDRAY.

Ils insultent mon blason !.... A moi, Fulcrand !
(Fulcrand tire son épée.)

LÉONARD.

Saint Crampon ! venez à notre aide !

SCÈNE QUATRIÈME

LES MÊMES, GUILLAUME, entrant par la croisée. Quelques bourgeois restent en dehors.

GUILLAUME, à Fulcrand.

Sur mon âme, Fulcrand, si tu tiens à la vie de ton maître, ne touche pas à ces hommes.

DE COUDRAY, surpris.

Guillaume !.... Je t'avais condamné à la torture....

GUILLAUME, amèrement.

La torture ?... je l'ai subie, monseigneur.

DE COUDRAY.

Que viens-tu faire ici ?

GUILLAUME.

Vous sauver !

DE COUDRAY.

Toi ?...

GUILLAUME.

Oui.... Barbe-d'Or veille sur l'honneur de ma fiancée ; moi, j'ai voulu veiller sur l'honneur de Barbe-

DEUXIÈME ACTE

d'Or.... Les bourgeois de Beauvais ont juré votre mort, monseigneur. Mais, s'ils vous massacraient ici, Barbe-d'Or serait accusé de vous avoir tendu un piége, et je ne veux pas que Barbe-d'Or soit soupçonné de trahison ni de félonie.... Voilà pourquoi vous ne vous montrerez pas aujourd'hui aux bourgeois de Beauvais. (Il ferme la fenêtre.)

DE COUDRAY.

C'est-à-dire que tu me fais prisonnier!... Moi, Raymond de Coudray, baron de haute lige, et suzerain du Beauvoisis.... prisonnier.... prisonnier.... Mais le voilà, le guet-apens!

BARBE-D'OR. (Il ouvre la porte de gauche.)

Non, monseigneur.... Cette porte donne sur une ruelle déserte, sortez!

LÉONARD.

Par saint Martin! le bon ami que cet ennemi!

DE COUDRAY.

Sortir par là?... pour être surpris.... attaqué?....

BARBE-D'OR.

Non, monseigneur, pour arriver sain et sauf aux portes de la ville. Isolin et moi nous vous frayerons le passage, et, je vous le jure, nul ne touchera à un cheveu de votre tête.... Venez! (Il sort sur la gauche avec Isolin.)

DE COUDRAY.

Partir sans Maguelonne?... Bah! je sais où elle est! (à Fulcrand.) Le reste te regarde Fulcrand!... Malheur! malheur à eux tous! (Il sort.)

FULCRAND à Léonard.

Par la fourche du diable, Monseigneur sera content

de moi.... (en regardant la porte de Maguelonne.) Je reviendrai.... (il sort avec Léonard, par la gauche.)

GUILLAUME, à lui-même.

Pourquoi donc un hasard mystérieux retient-il toujours mon bras au moment de frapper le baron ?...
.... La première fois que je le vis, j'étais encore un enfant, mais je savais déjà que tous tremblaient devant son regard. Cependant, au lieu de le fuir, je me sentais attiré vers lui; et lorsque, vêtu de ses beaux habits, le baron arrivait au village, j'éprouvais comme un sentiment de respect et d'orgueil. Il me semblait qu'une bonne parole venant de lui m'aurait rendu heureux.... Mais hélas ! il ordonnait à son écuyer de me chasser, et je souffrais plus cruellement que si sa main m'avait frappé.... Pourquoi?... Quel est le sentiment étrange qui me fait si souvent penser au baron, et qui, malgré moi, me ramène vers lui?... Je devrais le haïr, le maudire, et je n'en ai ni la force, ni le courage!... Je voudrais qu'il fût clément et généreux.... je voudrais pouvoir l'aimer!... Pourquoi?... pourquoi?

SCÈNE CINQUIÈME

GUILLAUME, MAGUELONNE. (Elle entre par la gauche, 1ᵉʳ plan.)

MAGUELONNE.

Guillaume !...

GUILLAUME.

Maguelonne !

MAGUELONNE.

Plus bas !

GUILLAUME.

Non, ils sont partis. Et je peux te regarder, je peux t'admirer! je peux te dire que je te trouve belle! je peux.... (Il chancelle.)

MAGUELONNE.

Qu'as-tu ?

GUILLAUME.

La torture a brisé mes membres !... Et malgré moi.... je faiblis !... (Il se laisse tomber sur un escabeau près de la table.)

MAGUELONNE.

Et tu es venu jusqu'ici blessé, te traînant à peine, risquant la vie ?...

GUILLAUME (Il lui prend la main.)

Maguelonne.... te rappelles-tu le ruisseau qui coule au bas de la grande prairie ?... Un jour, en coupant des joncs, tu te penchas sur l'eau, et l'eau réfléchit ton visage. Tu ne me voyais pas à travers les saules, mais moi je voyais ton image sourire ... Ce fut ce jour-là que je compris que je t'aimais.... Depuis ton départ, je suis allé bien souvent au bord du ruisseau de la grande prairie, mais la douce image avait disparu.... J'ai voulu revoir cette image !... et je suis venu.... A présent j'emporterai ton regard dans mon cœur, et je serai moins triste....

MAGUELONNE.

Oui, mais tu souffres !...

GUILLAUME. (Il se lève.)

Et que m'importe la souffrance si je t'aime et si tu m'aimes? Il est une chose que Dieu nous a donnée et que rien ne peut nous enlever.... c'est l'amour! Tant que mes lèvres pourront te parler, tant que tes yeux pourront me répondre, tant que nos cœurs pourront battre l'un pour l'autre, je ne sentirai ni malheur ni souffrance. (Il l'enlace de ses bras.)

SCÈNE SIXIÈME

Les mêmes BARBE-D'OR, ISOLIN. (Ils sont entrés par la gauche avant les derniers mots.)

BARBE-D'OR.

Oui! soyez heureux, vous qui avez la jeunesse et l'amour! Je ne connaîtrai, moi, ni la jeunesse, ni l'amour.

GUILLAUME.

Tu n'as pas aimé?

(Barbe-d'Or fait un signe négatif.)

MAGUELONNE.

Mais vous aimerez....

BARBE-D'OR.

Jamais!

ISOLIN, vivement.

Pourquoi donc, maître?

BARBE-D'OR.

Écoutez-moi, mes amis. (Guillaume s'assied à droite. Maguelonne est debout près de Guillaume. Isolin est assis à gauche.) Mon père était un homme d'armes, de noble race et de grand cœur.... Un jour, il me fit appeler.... Il était à son lit de mort. « Veux-tu, me dit-il, t'ennoblir et grandir encore? — Oui! oui, m'écriais-je? que faut-il faire? — Il faut, me répondit-il, n'avoir ni ambition, ni passion, ni foyer; il faut tout sacrifier à ta patrie. » Et prenant ma main dans les siennes : « Sur ta route, ajouta-t-il, tu rencontreras la fortune, tu rencontreras la gloire, tu rencontreras l'amour. Passe sans t'arrêter, devant la fortune, devant la gloire, devant l'amour. La fortune éblouit, la gloire enivre, l'amour enchaîne, et tu dois rester calme, tu dois rester fort, tu dois rester libre!... » Des compagnies d'aventuriers erraient de province en province, se battant et vivant au hasard. Je quittai le château de Balaruc, et je m'enrôlai dans une de ces compagnies. J'enseignai l'honnêté et la bravoure à de pauvres Truands qui ne s'en doutaient guère. Et à présent, quand ils se battent ils ont un but; défendre les faibles, protéger ceux qu'on opprime.... Et voilà pourquoi je n'ai pour maîtresse que mon épée!... (Changeant de ton.) Mais ne parlons plus de moi!... (A Guillaume.) Guillaume! J'ai de bonnes nouvelles à t'annoncer! Tauratz m'a fait savoir que tous les manants du baron de Coudray sont prêts. Ils n'attendent plus qu'un signal pour venir se joindre à ceux de Formerie.

GUILLAUME.

Le signal?... C'est moi qui le donnerai!... (On entend une cloche.) Le couvre-feu!... Il faut te quitter, Maguelonne!... C'est demain jour de corvée au village, et je ne dois pas surcharger mes frères de ma part de besogne.

MAGUELONNE.

Faible comme tu l'es, comment pourras-tu faire la route?

GUILLAUME.

Dieu donne toujours à l'homme la force d'accomplir son devoir.... Adieu, ma bien-aimée... (Maguelonne sort par la gauche. — A Barbe-d'Or.) A bientôt maître!

BARBE-D'OR.

Au revoir, Guillaume. (Guillaume sort par le fond Barbe-d'Or ferme la porte. Isolin s'assied devant la table.)

SCÈNE SEPTIÈME

BARBE-D'OR, ISOLIN.

BARBE-D'OR.

Nous sommes seuls.... Tout dort dans la ville. Écris Isolin, je dicterai....

ISOLIN.

Dicter?... Mais c'est l'heure du repos, maître!

BARBE-D'OR.

Le repos, c'est la mort!.. Je me reposerai dans l'éternel sommeil.... En attendant, mes journées appartiennent aux malheureux et mes nuits au travail.... Écris! écris!... (Dictant.) L'art du chirurgien....

ISOLIN, écrivant.

L'art du chirurgien...

BARBE-D'OR, le regardant tout à coup tendrement.

Isolin!... cher petit Isolin!...

ISOLIN.

Eh bien! vous me regardez, et vous ne dictez pas?

BARBE-D'OR.

Je veux d'abord te raconter un rêve que j'ai fait.

ISOLIN (il se lève).

Un rêve?

BARBE-D'OR.

Oui.... La nuit dernière, nous avions longtemps travaillé ensemble, et la fatigue domptant mes forces, je me suis endormi là, dans ce fauteuil.... Alors j'ai eu une vision, et dans cette vision, Isolin, tu m'es apparu.

ISOLIN, ému.

Moi?

BARBE-D'OR.

Non plus en page, mais vêtu d'une longue robe, dont les plis flottants te faisaient ressembler à un ange.... Tu t'agenouillas devant moi, puis, prenant ma main, tu la portas à tes lèvres.... Et ce baiser sembla pénétrer jusque dans mon âme....

ISOLIN, baissant les yeux.

Maître....

BARBE-D'OR.

Et tu me regardais.... comme tes yeux ne m'ont jamais regardé....

ISOLIN, embarrassé.

C'était un rêve!

BARBE-D'OR. (Avec doute.)

Tu crois?... (Changeant de ton.) Allons! reprends ta plume et écris! (Dictant.) L'art du chirurgien....

ISOLIN (il se rassied), dormant à moitié.

L'art.... du.... chirurgien.... (Il s'endort.)

BARBE-D'OR.

Pauvre petit, ses yeux se ferment!... Ce serait un crime que d'abuser de ses forces!... Dors, Isolin!... Moi je veillerai... et j'écrirai.... (Il prend une plume. — Il jette sa plume.) Non! dès qu'Isolin ne tient plus la plume, je ne trouve plus rien.... L'inspiration s'en va avec le regard de cet enfant!... Mais à mon tour, le sommeil appesantit mes paupières.... (Il s'assied dans le fauteuil.) Ah! rêve charmant! puisses-tu revenir, et donner à mon âme le mirage d'un bonheur ignoré!... (Il s'endort.) (Rêvant.) Isolin.... écris!... écris!...

ISOLIN, se levant.

Comme chaque soir, ma ruse a réussi.... Il dort!... Mais la femme à la robe blanche ne reviendra plus. Et si vous ouvrez les yeux, mon cher maître, vous ne verrez que votre petit page priant à vos côtés. (Il met un genou en terre.) Mon Dieu! faites que le sommeil transporte Barbe-d'Or dans le pays enchanté des rêves....

Mais faites aussi qu'il ne sache jamais le secret d'Isolin.

BARBE-D'OR, rêvant.

Isolin!... Non, tu ne t'appelles pas Isolin; tu t'appelle Isoline.... (tendrement) Isoline!...

ISOLIN. (Il se relève tressaillant.)

Il a dit Isoline !

(On entend frapper à la porte.)

BARBE-D'OR, se réveillant (il se lève).

On frappe!... A cette heure!... Qui cela peut-il être ?

ISOLIN.

Dois-je ouvrir, maître ?

BARBE-D'OR.

Non! pas toi, enfant.... Moi! (Il ouvre la porte du fond.)

SCÈNE HUITIÈME

LES MÊMES, ANSELME.

ISOLIN.

Le père Anselme!

BARBE-D'OR.

Et qu'y a-t-il, père Anselme, pour vous amener ainsi, au milieu de la nuit

ANSELME.

Oh! rien de nouveau !... Les manants de Formerie gémissent au fond des prisons du château de Coudray!... Il n'y a rien de nouveau !... Leurs épaules sont déchirées par le fouet des archers du baron.... Il n'y a rien de nouveau !... Hier, le baron a enlevé une jeune fille, qui a préféré la mort à la honte ; et ce matin, on a trouvé son corps dans les fossés du château.... Tu le vois, il n'y a rien de nouveau.

BARBE-D'OR.

Oh ! ne raillez pas !... dites, que faut-il faire ?

ANSELME.

Il faut donner des vivres aux manants de Coudray ; car ils meurent de faim. Il faut leur donner des vêtements, parce qu'ils ont froid.... Si un secours puissant ne leur vient pas en aide, ils sont perdus.

BARBE-D'OR.

Mais ce secours, où le trouver ?

ANSELME.

A Paris, chez Étienne Marcel, le prévôt des marchands.... Depuis la fatale journée de Poitiers, où le roi Jean a été fait prisonnier des Anglais, c'est Étienne Marcel qui gouverne Paris et l'État. Et je viens te dire, toi qui es libre, va, raconte à Étienne Marcel la misère des manants du baron de Coudray, va lui demander justice et protection. Pars pour Paris !... pars demain !...

BARBE-D'OR.

Non, père Anselme, ce ne sera pas demain, c'est à l'instant même que je partirai ! (A Isolin) Isolin, qu'on selle des chevaux ! (Isolin sort.) (Il prend son manteau sur un siége.) Mon manteau !... Là, je suis prêt !... Mais si je pars, qui veillera sur Maguelonne ?... qui la défendra ?

SCÈNE NEUVIÈME

Les mêmes, MAGUELONNE. (Qui est entrée avant les derniers mots par la porte du premier plan à gauche.)

MAGUELONNE.

Il s'agit de sauver les Jacques, et c'est à cause de moi que vous hésiteriez ?.. Non, maître, partez !... Je sais un couvent ignoré. Au point du jour, le père Anselme m'y conduira.... Là, j'attendrai votre retour. Partez !... partez !...

BARBE-D'OR.

Adieu! Maguelonne, et que Dieu vous garde!...

ISOLIN, entrant.

Maître, les chevaux sont prêts!...

BARBE-D'OR.

Eh bien! partons!... Avant huit jours, père Anselme, je serai de retour.

SCÈNE DIXIÈME

MAGUELONNE, ANSELME.

MAGUELONNE.

Que le ciel l'entende !

ANSELME.

Tu n'étais donc pas couchée, Maguelonne ?

MAGUELONNE.

Non ! J'avais comme un pressentiment.... Et maintenant encore, j'ai peur.... Et si vous le voulez, je resterai près de vous.... et nous parlerons de Guillaume.

ANSELME.

Oui, mais écoute.... il me semble entendre du bruit là, sous la croisée....

MAGUELONNE.

Mon Dieu ! on approche.... on ouvre !... (La croisée s'ouvre et Fulcrand paraît.)

FULCRAND.

Barbe-d'Or est parti.... bien parti.... (Aux archers.) Vous pouvez entrer.

MAGUELONNE, poussant un cri d'effroi.

Ah ! Fulcrand !

SCÈNE ONZIÈME

Les mêmes, FULCRAND, quatre archers.

FULCRAND.

Vous ne m'attendiez pas, la belle? Mais le baron de Coudray vous attend, lui!... Et vous allez, à l'instant, me suivre au château!

MAGUELONNE, effrayée.

Moi?

ANSELME.

Je t'y accompagnerai, Maguelonne.

FULCRAND.

Toi? tu ne bougeras pas! (Il fait un signe à deux archers, qui garrottent et attachent Anselme sur son siège.) (Montrant la fenêtre.) Il y a là un cheval, pour vous, la belle. Allons! en route!

(FULCRAND fait un signe aux deux autres archers, qui s'emparent de Maguelonne et l'emportent.)

MAGUELONNE (se débattant).

Ah! Ah!

TROISIÈME ACTE

LA MAISON AUX PILIERS

Une salle de la maison aux Piliers. — A gauche, une table, avec tout ce qu'il faut pour écrire. — Un grand fauteuil derrière la table. — A droite, une banquette, escabeaux, etc.

SCÈNE PREMIÈRE

GILLE, DENIZORT.

DENIZORT.

Comment se fait-il, messire Gille, qu'Étienne Marcel, notre bien-aimé prévôt des marchands, d'ordinaire calme et résolu, soit depuis quelque temps, sombre et soucieux. Ce n'est pas la bonne ville de Paris qui cause sa préoccupation ; la bonne ville de Paris lui est toute dévouée.... Notre prévôt des marchands a un sujet d'inquiétude, qu'il nous cache. Mais vous, son frère, vous devez le connaître?

GILLE.

Je le connais.

TOUSSAC.

Et quel est-il?

GILLE, montrant Bérengère, qui entre par la droite.

Regardez!

DENIZORT.

Sa fille!

GILLE, montrant Étienne Marcel qui entre par la gauche.

Mon frère! plus un mot! Venez! éloignons-nous!

DENIZORT.

Mais j'ai à parler à Étienne Marcel.

GILLE.

Vous lui parlerez plus tard, quand il sera seul. Il vous écoutera mieux.

DENIZORT.

Eh bien! je reviendrai. (Ils sortent par le fond.)

SCÈNE DEUXIÈME

BÉRENGÈRE, ÉTIENNE MARCEL.

BÉRENGÈRE. (Elle regarde un missel qu'elle tient à la main. — Apercevant Étienne Marcel. — Joyeusement.)

Mon père!... (Allant à lui.) Bonjour, mon père! Comment avez-vous passé la nuit? (Le regardant tendrement.) Voyons! (Tristement.) Ah! vous n'avez pas dormi.... Vous avez encore pensé...

ÉTIENNE MARCEL, *vivement.*

.... A toi ; oui, mon enfant.... Écoute-moi, Bérengère. (Il s'assied à gauche, Bérangère debout près de lui.) Les dernières paroles de ta pauvre mère furent pour toi.... « Étienne, me dit-elle, tu vas être seul à veiller sur notre fille. Rends-la heureuse, pieuse et bonne. Lorsqu'elle aura vingt ans, donne-la à un honnête homme, et tu auras rempli ta tâche paternelle. » Eh bien ! ma fille, tu as vingt ans !... tu es pieuse et bonne, mais tu n'es pas heureuse !... Dieu sait pourtant si je t'aime, toi mon trésor, toi ma tendresse, toi ma consolation !...

BÉRENGÈRE.

Mon père !...

ÉTIENNE MARCEL.

J'ai voulu gouverner les Parisiens, je les gouverne !... J'ai voulu que Paris devînt imprenable.... et j'ai enfermé le Louvre dans ses murs ... J'ai voulu la liberté de la bourgeoisie.... et la bourgeoisie est libre !... Mais avant d'être prévôt des marchands, avant d'être le défenseur des Parisiens, je suis père ! Je veux le bonheur de ma fille, et ma fille se meurt de tristesse et de langueur !... Voyons ! mon enfant, que veux-tu ? Désires-tu des joyaux ? Souhaites-tu un collier d'émeraudes et de perles, pareil à celui de la duchesse de Normandie ? Tu l'auras.... Rien n'est trop beau pour la fille d'Étienne Marcel !

BÉRENGÈRE.

Merci, mon père ; je n'aime pas la parure, et mon

coffret est déjà trop petit pour contenir tous les joyaux que vous m'avez donnés!

ÉTIENNE MARCEL.

Mais que puis-je faire pour toi? Ah! tu t'ennuies peut-être... (Il se lève.) Eh bien! je vais commander la litière, et donner des ordres pour qu'on te mène sur les remparts.... De là, tu verras le soleil dorer les champs dans la campagne, la rivière courir à travers la plaine, et les lances briller sur les tours des donjons!...

BÉRENGÈRE.

Merci, mon père; j'aime mieux rester.

ÉTIENNE MARCEL.

Pourquoi?

BÉRENGÈRE, soupirant.

Parce que c'est triste de sortir seule, toujours seule.

ÉTIENNE MARCEL.

Bien dit, ma fille.... Oui, le moment est venu de t'appuyer sur le bras d'un homme jeune, noble et courageux. Tu peux choisir parmi les chevaliers de France!... Que dirais-tu du comte d'Anjou? Non-seulement ce mariage le rallierait à notre cause, mais il nous donnerait l'appui du duc d'Alençon et du comte de Flandre. (A lui-même.) Oui, comme politique, cette alliance aurait une grande portée. (Mouvement de Bérengère.) Le comte d'Anjou est jeune, aimable et beau! Eh bien!... Tu gardes le silence?

BÉRENGÈRE, d'une voix ferme.

Le comte d'Anjou est le frère du dauphin.... La fille d'Étienne Marcel ne doit pas épouser un prince né sur les marches du trône.

ÉTIENNE MARCEL.

Ah! ma Bérengère, tu es bien ma fille!... Ce n'est pas un prince qu'il te faut, c'est un bourgeois; tu as raison!... Veux-tu Jean Maillart? C'est le plus riche de nos échevins. (Souriant.) Et il n'est pas né sur les marches du trône, celui-là!

BÉRENGÈRE, souriant.

Non; il est né au fond d'une boutique.... bien loin du trône, trop loin même, car il n'a aucune noblesse, et je tiens à la noblesse de l'âme, mon père.... Jean Maillart est un avare.... il n'aime que son argent.... il ne pourrait m'aimer.

ÉTIENNE MARCEL.

Je te comprends, ma fille, tu veux un homme d'armes. Eh bien! voyons!... Pierre de Sully? Il a combattu contre les Anglais. C'est un homme de courage et de cœur....

BÉRENGÈRE.

Oui, mon père; mais je n'aimerai jamais un homme dont le métier est de tuer.

ÉTIENNE MARCEL.

Ah ça! ma fille, si tu ne veux ni un seigneur, ni un bourgeois, ni un soldat, que veux-tu donc?

BÉRENGÈRE.

Je veux rester fidèle au héros que j'aime et que j'admire.

ÉTIENNE MARCEL.

Tu aimes quelqu'un, ma fille?... Son nom?...

BÉRENGÈRE.

Il n'a pas de nom, mon père.

ÉTIENNE MARCEL.

Hein ?

BÉRENGÈRE.

Mais il a toutes les vertus !

ÉTIENNE MARCEL.

Où l'as-tu vu ?

BÉRENGÈRE.

Dans mes rêves.

ÉTIENNE MARCEL.

Bérengère, explique-toi....

BÉRENGÈRE.

Tenez, regardez le beau missel que vous m'avez donné le jour de ma quinzième année ? A chaque page, des fleurettes courent sur un fond d'or, et au milieu des fleurettes se trouve écrite l'histoire d'un héros. On ne dit pas son nom, mais on raconte les hauts faits de sa vie, et j'ai juré de n'avoir pour époux qu'un héros pareil à celui de mon missel.

ÉTIENNE MARCEL.

Voyons ce qu'on dit du héros. (Bérengère lui donne le missel.) « Il était beau comme saint Michel, brave comme saint Georges, généreux comme saint Martin. » (Fermant le missel.) Mais un tel homme n'existe pas, mon enfant.

BÉRENGÈRE, reprenant le missel, tristement.

Eh bien, alors, je resterai fille, mon père.

ÉTIENNE MARCEL.

Non, tu ne voudras pas me condamner au chagrin de mourir sans lignée.... Tu oublieras ton rêve.... tu accepteras le mari que je te donnerai !

BÉRENGÈRE.

Pardonnez-moi, mon père, mais rien ne pourra me faire oublier l'image idéale qui s'est emparée de mon cœur !...

ÉTIENNE MARCEL.

Tu sacrifierais ton avenir, ton bonheur ; tu sacrifierais ma volonté paternelle et mon espérance la plus douce à une chimère ?... Ah ! ma fille ?... Tu ne m'aimes donc pas ?

BÉRENGÈRE.

Mon père !

ÉTIENNE MARCEL.

Eh bien, ne feras-tu rien pour ce père que tu aimes, et qui t'aime tant ?

BÉRENGÈRE.

Si, je serai son bon ange !... Je le conduirai vers Dieu !...

ÉTIENNE MARCEL.

Que veux-tu dire ?

BÉRENGÈRE.

Je veux dire que vous allez venir à l'église avec moi. Je prierai pour vous, mon père.... et vous, vous prierez pour que le ciel m'envoie un mari comme le héros de mon missel.

ÉTIENNE MARCEL.

Eh bien, allons à Notre-Dame !...

SCÈNE TROISIÈME

LES MÊMES, GILLE.

GILLE, à Marcel.

Pardon, messire mon frère, mais vous oubliez que le Conseil de la bonne ville de Paris se réunit aujourd'hui même, et que vous devez le présider.

BÉRENGÈRE.

Le conseil ne se réunit qu'après midi, messire mon oncle; mon père a le temps d'aller à l'église.... Qu'il est bon de parler à Dieu, quand on a à parler aux hommes!

GILLE.

Messire mon frère oublie, sans doute, qu'avant le Conseil, il a donné rendez-vous à Denizort, l'argentier, pour traiter d'un emprunt au profit de la bonne ville de Paris.

BÉRENGÈRE.

Eh bien, la boutique de messire Denizort touche à Notre-Dame. (A Étienne Marcel.) En sortant de l'église, vous entrerez chez lui.

GILLE, à part.

Elle a réponse à tout.

BÉRENGÈRE, à Marcel.

Cher père! Allez prendre votre livre d'heures...;

je vais prendre le mien.... et je vous rejoins. (Elle sort par la droite.)

GILLE, à Marcel.

Comment, messire mon frère ! ce n'est plus votre autorité, c'est le caprice d'une enfant qui commande ici ?

ÉTIENNE MARCEL.

Non, messire mon frère, c'est la volonté de Dieu ! (Il sort par la gauche.)

GILLE, seul.

Et moi, frère d'Étienne Marcel, moi, échevin de la bonne ville de Paris, je ne serai plus qu'un zéro ! Ah ! nous verrons bien !

SCÈNE QUATRIÈME

GILLE, BARBE-D'OR, ISOLIN. (Ils entrent par le fond.)

BARBE-DOR, à Isolin.

Eh bien, Isolin ! Nous sommes entrés dans Paris ! (Regardant autour de lui.) Nous voilà dans la Maison aux Piliers ! Nous allons parler à Étienne Marcel !

GILLE, à Barbe-d'Or.

Pardon, l'ami, pardon ; entrer dans la bonne ville de Paris, ce n'est pas difficile quand on a le mot d'ordre. Entrer dans la Maison aux Piliers, c'est encore plus facile : on y entre sans mot d'ordre. Mais parler à Étienne Marcel, c'est autre chose. Ne voit

pas qui veut Étienne Marcel! Car c'est moi, son frère
Gille, qui accorde ou qui refuse audience.
>> BARBE-D'OR.

Eh bien! moi, je suis un de ceux à qui on accorde
audience. (Il s'assied à gauche.)

SCÈNE CINQUIÈME

LES MÊMES, BÉRENGÈRE. (Elle entre par la droite, regarde
Barbe-d'Or avec étonnement, s'arrête et le regarde encore.)

>> GILLE, à Barbe-d'Or.

Mais, je ne vous connais pas.... Qui êtes-vous?
>> BARBE-D'OR.

Un truand.
>> GILLE, reculant, avec effroi.

Un truand!
>> BARBE-D'OR, riant.

Eh mon Dieu! qu'avez-vous donc?
>> GILLE.

J'ai... j'ai que les truands ravagent, pillent et
massacrent dans les environs de Paris.
>> BARBE-D'OR.

Ceux-là ne sont pas des truands, ce sont des brigands, messire Gille.
>> GILLE.

Et la preuve que vous n'êtes pas un brigand?

(Barbe-d'Or hausse les épaules.) Non, je ne vous laisserai pas approcher du prévôt des marchands.... Si vous avez quelque chose à lui dire, eh bien, dites-le moi!

BARBE-D'OR. (Il se lève.)

A vous? Écoutez bien ceci, messire Gille.... J'ai fait vingt lieues à franc étrier, pour parler à Étienne Marcel, et....

BÉRENGÈRE, s'avançant.

Et vous lui parlerez!...

BARBE-D'OR, à Gille.

Quelle est cette belle damoiselle?

BÉRENGÈRE.

Je suis la fille d'Étienne Marcel.

GILLE, à Bérengère.

Il serait de la dernière imprudence d'accorder une audience à ce truand.

BÉRENGÈRE.

Pourquoi?

GILLE.

Parce qu'il n'a pas le chaperon aux couleurs de Paris.

BÉRENGÈRE, avec regret.

C'est juste. (A Barbe-d'Or.) Le chaperon aux couleurs de Paris a été institué par mon père comme un signe de ralliement à sa cause et de soumission à sa personne, messire; et il n'est pas de Parisien qui ne se fasse honneur de le porter.

BARBE-D'OR.

Eh bien, damoiselle, je vous le jure, avant une heure, j'aurai le chaperon des bourgeois!

GILLE.

Mais personne ne vous connaît ici. Qui vous le donnera?

BARBE-D'OR, gaiement.

Ma bonne étoile!... (A Isolin.) En attendant, mon pauvre Isolin, tu meurs de fatigue.... Tiens, repose-toi et dors.... (Il le fait asseoir à droite.)

GILLE.

Dormir dans la salle du Conseil?

BARBE-D'OR, souriant.

Cela se fait quelquefois!

GILLE.

Mais le Conseil va se réunir?

BARBE-D'OR.

Tant mieux!

GILLE.

Je ne comprends pas?

BARBE-D'OR.

Vous n'avez pas besoin de comprendre.

GILLE.

Ah! par exemple! c'est trop fort!

BARBE-D'OR.

Ce qui est plus fort, c'est que je prendrai part à ce Conseil.

GILLE, à part.

Il est fou! (A Bérengère pensive.) Eh bien, ma nièce, vous n'allez pas à Notre-Dame?

BÉRENGÈRE.

Pardon, mon oncle, mais avant, je voudrais vous prier d'envoyer à cet étranger.... (elle lui parle bas, puis elle sort par la gauche, après avoir salué Barbe-d'Or.)

GILLE, à part.

Allons! moi, le cerbère de la Maisons aux Piliers, me voilà, de par ma nièce, l'hôtelier des truands! (Il sort par le fond, à droite.)

SCÈNE SIXIÈME

BARBE-D'OR, ISOLIN.

BARBE-D'OR, avec regret.

Elle est partie!.... (A Isolin qui relève la tête.) Es-tu bien sûr que ce ne soit pas un ange?

(Deux pages entrent par le fond, portant une table toute servie, avec deux couverts.)

UN PAGE.

De la part de damoiselle Bérengère.

(Les deux pages posent la table au milieu du théâtre, et sortent.)

BARBE-D'OR.

Décidément, c'est un ange!... A table, Isolin! (Il se met à table.)

ISOLIN.

Merci, je n'ai pas faim.

TROISIÈME ACTE. 71

BARBE-D'OR, gaiement.

Eh bien, petit page, tu as tort, car voilà un repas qui paraît excellent!

ISOLIN, regardant au fond joyeusement.

Ah! maître.... maître....

BARBE-D'OR.

Eh bien! qu'arrive-t-il?

ISOLIN.

Un chaperon aux couleurs de Paris!

BARBE-D'OR.

Je savais bien.... ma bonne étoile!

SCÈNE SEPTIÈME

LES MÊMES, DENIZORT.

BARBE-D'OR. (Il se lève.)

Salut à messire?...

DENIZORT.

Messire Denizort, échevin de la bonne ville de Paris et argentier du roi Jean.... Mais vous, l'ami, je ne vous ai jamais vu, et pourtant vous avez l'air d'être ici comme chez vous.

BARBE-D'OR.

Je suis partout chez moi! (Il se lève). (Mystérieusement) Je suis ambassadeur.

DENIZORT.

Ah!

BARBE-D'OR.

Vous avez là un bien beau chaperon, messire Denizort....

DENIZORT, fièrement.

Je crois bien! C'est celui qu'Étienne Marcel donna un jour au Dauphin... (Riant.) Mais un autre jour, le Dauphin me l'a donné!

BARBE-D'OR, à part.

Eh bien, à ton tour, tu me le donneras.

DENIZORT, regardant autour de lui.

Mais comment Étienne Marcel n'est-il pas là? Ah! il sera allé chez moi... J'y cours. (Fausse sortie.)

BARBE-D'OR, à part.

Avant de m'avoir donné le chaperon, (Haut, le ramenant.) Non! Messire, vous resterez!

DENIZORT.

Pourquoi donc?

BARBE-D'OR.

Parce que si vous sortiez, vous vous croiseriez avec Étienne Marcel.... Il est bien plus simple de l'attendre.

DENIZORT.

C'est vrai!

BARBE-D'OR.

Et si, en attendant, vous voulez faire honneur à ce déjeuner, je vous invite de grand cœur. (Il se remet à table.)

DENIZORT, s'approchant de la table.

Un pâté! un perdreau! j'accepte! (Ils s'asseyent).

BARBE-D'OR.

Eh bien, pour commencer, mon cher convive, voilà une tranche de pâté!...

DENIZORT.

Eh bien, non!...

BARBE-D'OR.

Pourquoi?

DENIZORT, avec désespoir.

Parce que je n'ai jamais d'appétit!

BARBE-D'OR.

Ah bah! (A Isolin.) Isolin, l'olibanum! (Isolin prend un petit paquet de papier dans son escarcelle.)

DENIZORT, à Barbe-d'Or.

Vous dites?

BARBE-D'OR.

Je dis que ceci va vous donner de l'appétit! (Isolin met la poudre que contient le petit paquet dans un petit verre de vin.)

DENIZORT.

Ah çà, messire ambassadeur, vous êtes donc aussi médecin? (Barbe-d'Or fait un signe affirmatif.) Voyons. (Il boit le petit verre.) Et un fameux médecin!... Car, Dieu me pardonne, je me sens déjà faim... Oui!.... (Il mange.) Ah! que c'est bon le pâté! que c'est bon le perdreau!... que c'est bon le bon vin!... (Il boit.) (S'arrêtant subitement. Aïe!... Aïe!...

BARBE-D'OR.

Qu'y a-t-il?

DENIZORT.

Il y a que ça ne passe pas!... J'étouffe!.. Voilà

quarante ans que j'étouffe lorsque je mange!... quarante ans que je ne peux rien digérer!...

BARBE-D'OR.

Ah bah! (à Isolin.) Isolin, le styrax!...
(Isolin prend un autre petit paquet dans son escarcelle.)

DENIZORT, à Barbe-d'Or.

Vous dites?

BARBE-D'OR.

Je dis que ceci va vous faire digérer. (Isolin met la poudre que contient le petit paquet dans un autre petit verre.)

DENIZORT.

Vraiment? Ah! messire médecin! si vous pouviez me faire manger tout mon saoûl, sans souffrir... je vous donnerais...

BARBE-D'OR.

Quoi donc?

DENIZORT.

Ce que vous voudriez!

BARBE-D'OR.

Eh bien, je voudrais.... votre chaperon !

DENIZORT, stupéfait, riant.

Mon chaperon?... (Barbe-d'Or fait un signe affirmatif.) Et je digérerais?...

BARBE-D'OR.

Parfaitement, si vous buvez cela. (Il lui donne le verre de vin.)

DENIZORT.

Je le bois! (Il boit.) (Très-soulagé) Tiens! ça passe! Tiens!... c'est passé! (Il respire bruyamment.) Voilà le chaperon! (Barbe-d'Or se lève et met le chaperon.) (Il se lève se frottant les mains.) j'ai déjeuné!... J'ai déjeuné!...

(Deux pages entrent et enlèvent la table.)

BARBE-D'OR, à Denizort, qui se dirige vers la gauche.

Où allez-vous donc si vite?

DENIZORT, fièrement.

Je vais diner! (Il sort.)

BARBE-D'OR, se pavanant.

Maintenant, Étienne Marcel peut venir!

(On voit arriver par le fond à gauche Étienne Marcel et Bérengère.)

BÉRANGÈRE, montrant Barbe-d'Or.)

Mon père, c'est lui!...

ISOLIN.

(A part.) Mon Dieu, donnez-moi la force d'accomplir mon devoir! Donnez-moi la force de tout sacrifier à mon maître et à mon pays!... (Il sort par la droite.)

SCÈNE HUITIÈME

LES MÊMES, ÉTIENNE MARCEL, BÉRENGÈRE.

BARBE-D'OR, à Étienne Marcel.

Salut au prévôt des marchands.

ÉTIENNE MARCEL.

Vous désirez me parler?

BARBE-D'OR.

Oui, messire.

ÉTIENNE MARCEL.

Avant tout, je dois savoir qui vous êtes.

BARBE-D'OR.

Je pourrais vous répondre que je suis le descendant des premiers chevaliers qui combattirent en Palestine ; je pourrais vous répondre que je suis l'héritier du nom et du fief des barons et comtes de Balaruc ; mais je préfère vous dire tout simplement que je suis Barbe-d'Or, le chef d'une compagnie de truands.

ÉTIENNE MARCEL.

Eh bien, Barbe-d'Or, je vous écoute.

BARBE-D'OR.

Je serai bref, messire..... En France, en Beauvoisis, dans le fief de Coudray, de malheureux manants sont en proie à toutes les souffrances de l'esclavage. Leur seigneur, le baron de Coudray, les opprime et les torture. Et à vous, le défenseur des opprimés et le soutien des faibles, je viens demander aide et secours pour les manants du Beauvoisis (Montrant son chaperon.) Je vous le demande au nom des couleurs de la ville de Paris, au nom de cet insigne de ralliement, de soumission et de liberté !... (A Bérengère.) Et vous, belle damoiselle, soyez clémente aux malheureux, soyez éloquente pour ceux qui souffrent ; joignez votre voix à la mienne.

BÉRENGÈRE, à Étienne Marcel.

Mon père ! je vous en prie... écoutez Barbe-d'Or !... (Bas.) C'est un héros !... (Haut.) Accordez-lui ce qu'il demande et vous me rendrez bien heureuse !

ÉTIENNE MARCEL.

La chose est trop grave pour que j'en prenne la responsabilité. J'exposerai la situation au Conseil des échevins, et le Conseil décidera!... Vous n'aurez pas, d'ailleurs, longtemps à attendre.... Il y a séance aujourd'hui, et j'aperçois déjà les échevins. (A Bérengère.) Va, mon enfant. (Bérengère sort par la gauche.)

SCÈNE DIXIÈME

ÉTIENNE MARCEL, BARBE-D'OR, GILLE, DEUX ÉCHEVINS, PAGES ET GARDES.

ÉTIENNE MARCEL, saluant.

Messires les échevins!... (Gille et les échevins saluent Étienne Marcel et vont s'asseoir sur la banquette. Les gardes se rangent au fond, avec les pages. Marcel est assis dans le fauteuil. Barbe-d'Or debout.)

ÉTIENNE MARCEL, aux échevins.

Je devais vous faire aujourd'hui un rapport sur l'organisation de la nouvelle milice bourgeoise et sur l'armement des forteresses qui commandent la Seine. Mais je me bornerai à vous dire que notre bonne ville est en parfait état de défense, et j'aborderai un sujet qui ne souffre aucun retard.... Messires les échevins, les Jacques du Beauvoisis, maltraités et persécutés par leur suzerain, le baron de Coudray, nous envoient Barbe-d'Or, le chef d'une compagnie de truands (Il montre Barbe-d'Or), pour nous demander aide et secours. Eh bien, cet aide et ce secours, messires, je crois qu'il est de notre politique de les accorder.

GILLE. (Il se lève.)

Nous sommes tout disposés à soutenir les Jacques du Beauvoisis, messire mon frère ; seulement, nous voudrions savoir au juste en quoi consiste le secours demandé !

ÉTIENNE MARCEL, à Barbe-d'Or.

A vous de répondre.

BARBE-D'OR.

Les vassaux du baron de Coudray ne sont point des soldats, messires les échevins ! Pour les guider et les soutenir, il faudrait mettre des hommes d'armes à leur tête. C'est pourquoi je demanderai, comme secours, deux cents lances.

GILLE.

Deux cents lances ?... Mais une lance, c'est un cavalier suivi de cinq hommes d'armes.

BARBE-D'OR.

C'est douze cents hommes que je vous demande, je le sais fort bien.

GILLE, à Étienne Marcel.

Messire prévôt des marchands !... la bonne ville de Paris peut-elle sans inconvénient envoyer douze cents hommes aux paysans du Beauvoisis ?

ÉTIENNE MARCEL.

Oui, parfaitement.

GILLE (Après avoir interrogé du regard les échevins).

C'est bien !... Nous accordons les deux cents lances. (Il s'assied.)

BARBE-D'OR.

Au nom des manants du baron de Coudray, je remercie messires les échevins. Mais ce n'est pas tout. Pour tenir la campagne, il faut des vivres. Les manants n'ont plus de bétail, plus de blé. Je demande des vivres pour les manants.

ÉTIENNE MARCEL.

La vérité m'oblige à déclarer que Paris a tout juste les vivres nécessaires pour nourrir ses habitants. Il ne peut donc pas en donner.

BARBE-D'OR.

Ah! pauvre armée des Jacques! te voilà vouée à la famine, avant d'avoir combattu!...

ÉTIENNE MARCEL.

J'ai dit que Paris n'avait pas de vivres à donner aux manants, mais je n'ai pas dit que les manants seraient réduits à la famine. (Il écrit.) Le roi de Navarre est en ce moment en son château de Longueville, situé dans le pays le plus fertile de France. (A Barbe-d'Or) (il lui donne une lettre.) Portez cette lettre au roi de Navarre, Barbe-d'Or, et il enverra aux manants du baron de Coudray les vivres que vous demandez.

BARBE-D'OR.

Bien, messire; mais il me reste un dernier secours à demander au Conseil... Les manants sont sans armes, et je voudrais de l'argent pour acheter des armes.

GILLE, se récriant.

De l'argent!...

ÉTIENNE MARCEL.

Il nous serait assez difficile d'en donner, attendu que nous en manquons nous-mêmes. J'attends Denizort, qui doit nous en prêter.

BARBE-D'OR, vivement.

Denizort, l'argentier du roi Jean?

ÉTIENNE MARCEL.

Oui!... mais je ne le vois pas.... Au dernier moment, il aura reculé... Il est si avare qu'il n'aura pas même voulu donner son vote!

SCÈNE ONZIÈME

LES MÊMES, DENIZORT.

DENIZORT, gaiement.

Mais si, mais si! Je donnerai tout ce qu'on voudra!

ÉTIENNE MARCEL.

Vous?

DENIZORT.

Moi!... Et la preuve, c'est que voilà (il montre un p'tit sac de cuir) cent marcs d'or, que je viens donner.... (se reprenant) c'est-à-dire prêter à la bonne ville de Paris.

TROISIÈME ACTE.

BARBE-D'OR.

Eh bien! messire, une prière. Faites pour les Jacques ce que j'ai fait pour vous. Je vous ai guéri avec mon savoir, secourez-les avec votre argent. Prêtez, c'est-à-dire donnez vos cent marcs d'or aux Jacques de Beauvoisis. Vous en digérerez encore mieux.

DENIZORT.

Encore mieux?.... Les Jacques auront les cent marcs d'or, messire!

GILLE.

Cent marcs d'or!

DENIZORT.

Et je les donne avec plaisir!... Mais vous ne savez donc pas que je ne mangeais plus! Je ne faisais que souffrir et geindre ; je voyais tout en noir ! Grâce à Barbe-d'Or, je mange, je digère, et je vois tout en rose!.... Et je lésinerais avec celui qui m'a rendu mon estomac! Allons donc! (Il donne le petit sac à Barbe-d'Or.) Voilà les cent marcs d'or, messire médecin, et c'est moi qui vous remercie. (Aux échevins.) Je vais souper, messires!.... C'est mon quatrième repas!.... Combien en est-il parmi vous qui pourraient se vanter de faire quatre repas par jour!... cent marcs d'or.... mais c'est pour rien!... (Il sort.)

ÉTIENNE MARCEL.

La séance est levée! (Les échevins saluent Étienne Marcel, et sortent par le fond, avec les pages et les gardes. — A Barbe-d'Or.) Vous allez partir pour le château de Longueville?

BARBE-D'OR.
A l'instant, messire.

SCÈNE DOUZIÈME

BARBE-D'OR, BÉRENGÈRE.

BÉRENGÈRE, à Barbe-d'Or.
Permettez-moi de vous dire adieu et de faire des vœux pour la réussite de votre entreprise.
BARBE-D'OR.
Et vous, belle damoiselle, permettez-moi de rester, de loin comme de près, votre féal chevalier!
ÉTIENNE MARCEL.
Quand vous aurez rempli votre mission auprès du roi de Navarre, vous reviendrez?
BARBE-D'OR.
Non; je retournerai près des Jacques du Beauvoisis.
BÉRENGÈRE.
Pourquoi nos infortunes ne vous toucheraient-elles pas comme celles des Jacques du Beauvoisis? Pourquoi n'aideriez-vous pas mon père à rendre notre bonne ville calme et prospère? Mon père vous en aurait une grande reconnaissance!... Il vous ferait riche!... il vous ferait puissant. — (A Marcel.) N'est-il pas vrai, mon père?

ÉTIENNE MARCEL, à Barbe-d'Or.

Il vous ferait heureux.

BARBE-D'OR.

C'est impossible ; mon épée et ma vie appartiennent à mes braves truands. Quant à mon cœur, il appartient à un rêve.

ÉTIENNE MARCEL (à Bérengère, qui s'appuie tristement sur son épaule).

Ma pauvre enfant!

BARBE-D'OR (à part).

Isoline m'est apparue un jour, dans une vision céleste... j'aime Isoline, je l'aimerai toujours!

ISOLIN, qui est entré avant ses derniers mots, vêtu d'une robe blanche.

Non, maître, sans vous arrêter, vous êtes passé devant la fortune, devant la gloire... Eh bien! sans vous arrêter, vous passerez aussi devant l'amour.

BARBE-D'OR.

Isoline!...

BÉRENGÈRE.

Le petit page!

ISOLIN.

Oui... le petit page est une femme... une humble vassale... Pour soustraire la pauvre Isoline aux souffrances qui l'attendaient, le père Anselme en avait fait le page de Barbe-d'Or. (A Barbe-d'Or) Mais vous aimez Isoline, maître; Isolin ne peut plus rester près de vous.... (Mouvement de Barbe-d'Or.) Il y a trop de larmes autour de nous pour que nous puissions songer au bonheur.

BARBE-D'OR.

Que dis-tu?

ISOLINE.

Je dis que lorsque les hommes combattent, les femmes doivent prier !... La France souffre, c'est la France qu'il faut aimer! Il faut l'aimer avec son âme, avec son dévouement, avec sa religion et sa foi!... Aux hommes de sacrifier leur vie! aux femmes de sacrifier leur amour... (A Bérengère.) Vous, damoiselle, vous avez des richesses, vous avez des joyaux ; donnez à la patrie vos richesses et vos joyaux.... moi je n'ai que mon cœur, je le lui donne!... Adieu, Barbe-d'Or, va où le devoir t'appelle.

BARBE-D'OR, avec désespoir.

Isoline !

ISOLINE.

Séparon-snous, oubliez-moi... adieu !

BÉRENGÈRE (Se rapprochant d'Isoline).

Ah ! Isoline ! Je prierai avec vous pour ma patrie en deuil

BARBE-D'OR, à Marcel.

Messire....

ÉTIENNE MARCEL.

Nous souffrons .... eh ! bien, soyons plus forts que la souffrance.... L'amour paternel remplissait mon cœur et ma vie. Eh bien, c'est ma bonne ville qui héritera de cet amour sans bornes.... A elle, l'expérience de mes vieux ans, mon dévouement, mes forces et ma pensée ! Oui, mon Paris bien-aimé, je veillerai sur toi, je relèverai ton courage, je te défendrai.... je saurai mourir pour toi !...

BARBE-D'OR.

Moi aussi, j'immolerai mon cœur à la patrie.... je n'aimerai que la France! A e'le mon sang, mon âme et mon épée!

ÉTIENNE MARCEL.

Partez, et que Dieu soit avec vous!...

BARBE-D'OR.

Adieu! adieu!...

QUATRIÈME ACTE

A BEAUVAIS

Une place publique à Beauvais. — A gauche, une église. — A droite, l'auberge du Dragon-Vert. — Au premier plan, une table et deux escabeaux. — Au lever du rideau, des bourgeois et bourgeoises vont, viennent et forment des groupes.

SCÈNE PREMIÈRE

LÉONARD, il regarde à droite et à gauche.

Par saint Côme, patron des barbiers! je ne vois pas Brunette! Elle m'avait pourtant dit de l'attendre aujourd'hui, devant l'église de Beauvais. Voilà l'église; le soleil est déjà haut, et pas de Brunette sur la place!... Oh! une idée.... (Abordant une bourgeoise.) Vous n'auriez pas vu Brunette? (La bourgeoise passe.) Non? (Accostant un bourgeois.) Et vous, messire bourgeois, l'auriez-vous vue?

LE BOURGEOIS.

Qui?

LÉONARD.

Brunette.(Le bourgeois hausse les épaules et passe.) Eh bien! je ne me découragerai pas!... (A une autre bourgeoise, qui tient un enfant à la main.) Savez-vous si Brunette est venue? (La bourgeoise et l'enfant rient et passent.) Pourquoi se sont-ils mis à rire? Je demande Brunette, c'est bien naturel... Un jour de fête, je ne peux pas m'amuser tout seul. Sans Brunette que vais-je faire?... Je vais me mettre en colère!...

SCÈNE DEUXIÈME

LÉONARD, BRUNETTE.

BRUNETTE.

Contre qui?

LÉONARD.

Contre toi!... Ah! si je n'étais pas si content de te voir, comme je te gronderais!...

BRUNETTE, distraite.

Mais tu es content; ainsi, pas de reproche!...

LÉONARD.

Comme tu dis cela?... Ah! ça, Brunette, ne serais-tu pas contente de me voir?

BRUNETTE.

Eh! il s'agit bien de toi!

LÉONARD.

Et de qui s'agit-il ?

BRUNETTE.

De Maguelonne, que ton affreux baron a fait enlever.... Elle est toujours au château, n'est-ce pas?

LÉONARD.

Toujours.

BRUNETTE.

Pauvre Maguelonne ! Que fait-elle ?

LÉONARD.

Elle pleure.

BRUNETTE.

Et le baron?

LÉONARD.

Il boit, il grogne et il tempête.

BRUNETTE.

Contre qui ?

LÉONARD.

Contre Maguelonne.

BRUNETTE.

Pourquoi ?

LÉONARD.

Parce qu'elle veut rester fidèle à Guillaume, pardine !

BRUNETTE.

Brave Maguelonne ! Enfin, grâce à Dieu, nous voilà au 28 mai !

LÉONARD, gaiement.

Eh oui ! C'est aujourd'hui la fête de Beauvais ! C'est le jour des ménétriers, des jongleurs, des bateleurs!... Comme nous allons nous amuser.... ma jolie Brunette!

BRUNETTE.

Non, ce n'est pas un jour d'amusement, Léonard!

LÉONARD.

Le 28 mai?...

BRUNETTE.

Mais tu ne sais donc rien?

LÉONARD.

Que veux-tu que je sache, enfermé au château, entre le baron qui ne fait que gronder, et Fulcrand qui ne fait que jurer?... Je ne sais qu'une chose, Brunette, c'est que je t'aime.... Ah! ça je le sais bien!

BRUNETTE.

Il est bien question d'amour!

LÉONARD.

Mais, de quoi est-il question?

BRUNETTE.

De la révolte des Jacques!

LÉONARD.

Mais si les Jacques attaquent le château de Coudray, je me trouverai entre deux feux, moi!... Saint Laurent! ce sera pire que votre gril!... Ah! ça! Brunette, tu n'as pas l'air de m'écouter!... A quoi penses-tu?

BRUNETTE.

Je pense aux Truands qui devaient revenir aujourd'hui, et qui ne reviennent pas!

SCÈNE TROISIÈME

LES MÊMES, RALPH, TAURATZ, PENTECOTE
(Même entrée qu'au premier acte.)

TAURATZ.
Les Truands ne manquent jamais à leur parole.

BRUNETTE, gaiement.
L'avant-garde! La compagnie sera ici avant une heure!

LÉONARD, vivement.
Comment le sais-tu?

BRUNETTE.
Parce qu'il y a un mois ce fut ainsi.

TAURATZ.
Non! Brunette! il y a une grande différence.... Ce jour là, la marmite chantait sur le feu.... et aujourd'hui, la marmite est renversée!...

BRUNETTE.
Les Jacques du Beauvoisis vous ont laissé partir sans vivres, vous, si dévoués à leur cause?

TAURATZ.
Le Beauvoisis est comme mon sac, Brunette : (Il fait voir son sac vide) il n'y a plus rien, pas même un haricot!... Et si nous revenons le ventre creux, les Jacques du Beauvoisis l'ont encore plus creux!

LÉONARD.

C'est pourtant un pays riche en produits de toute sorte. On y récolte de quoi nourrir les seigneurs à leur superflu, et les manants à leur suffisance !

RALPH.

Oui, mais les soldats anglais se nourrissent du superflu des uns et de la suffisance des autres. Les brigands volent et pillent le reste ; si bien que les Jacques du Beauvoisis n'ont plus rien que les yeux pour pleurer....

BRUNETTE, s'essuyant les yeux.

Comme ceux de Formerie.

RALPH, il étale une couverture près de l'église.

(A Pentecôte.) Tiens, Pentecôte !... qui dort dine, dit-on.... dormons !... (Il s'assied près de Pentecôte accroupie.) (A Tauratz.) Eh ! Tauratz ! où vas-tu ?

TAURATZ.

Je vais tâcher de trouver quelque chose à mettre dans la marmite. (Il entre dans l'auberge.)

BRUNETTE.

Hélas !

LÉONARD.

Ah çà ! Brunette, quand l'heure de pleurer sera venue, nous pleurerons. A présent, le temps est beau, la ville est en fête ; asseyons-nous et dinons.

BRUNETTE, vivement.

Diner ? (Tristement.) Y penses-tu ?

LÉONARD.

Mais oui ! Quel meilleur emploi ferais-je des trois livres tournois qui dansent dans ma poche ?... (Il la fait asseoir sur un escabeau. (Les coudes sur la table.) J'ai une faim !

BRUNETTE, riant.

Moi aussi !

LÉONARD.

Eh bien ! que veux-tu ?

BRUNETTE.

Quelque chose de bon, de très-bon !

LÉONARD.

Ce que tu voudras !

BRUNETTE.

Dis toi-même.

LÉONARD.

Saint Mellon, inspire-moi !... Ah ! Une chevrette à la broche et un agneau de lait en fricassée, cela te va-t-il ?

BRUNETTE.

Pauvre chevrette ! pauvre agneau blanc ! de si jolis animaux !... Non ! cela me ferait trop de peine !...

LÉONARD.

Alors, demandons une étuvée de hérisson.

BRUNETTE.

De hérisson ! Fi ! c'est une trop vilaine bête !

LÉONARD.

Veux-tu des confitures, des sucreries ?

BRUNETTE.

Pouah ! c'est trop fade !

LÉONARD.

Il est difficile de te contenter !

TAURAZ, sortant de l'auberge, avec un bonnet de coton,
un tablier blanc et un coutelas à sa ceinture.

Je sais un menu qui aurait l'honneur de plaire à la belle Brunette!

LÉONARD.

Par saint Honoré! patron des boulangers! Tauratz en marmiton?

BRUNETTE.

Eh oui! c'est le cuisinier de la Compagnie....

TAURATZ.

Et du *Dragon-Vert*, pour vous servir!...

LÉONARD, à Tauratz.

Eh bien! voyons ton menu....

TAURATZ.

Pour commencer, je vous proposerai un potage aux cervelles de poules.... (Humant l'air.) Hum!... de petites cervelles bien blanches, écrasées en purée, hum!...

BRUNETTE, se passant la langue sur les lèvres.

Hum!

LÉONARD, même jeu.

Hum! Va pour le potage, aux cervelles de poule.

TAURATZ.

Pour relevé de potage, que diriez-vous d'un brochet à l'innocente?

LÉONARD.

Un brochet à l'innocente?

TAURATZ.

Oui, on enlève l'arête du brochet et on la remplace par un hachis!... (Il passe la langue sur ses lèvres.) Hum!...

BRUNETTE, même jeu.

Hum!....

LÉONARD, même jeu.

Hum!... va pour le brochet à l'innocente.... Ensuite? (Ils se lèvent.)

TAURATZ.

Ensuite, je vous offrirai un poitrail de daim cuit sous la cendre, avec une garniture de cailles, de grives et d'ortolans.... Hum! (Il passe la langue sur ses lèvres.)

BRUNETTE, même jeu.

Hum!...

LÉONARD, même jeu.

Et après?

TAURATZ.

Eh mais? vous voilà en appétit, mes maîtres.... Eh bien après, nous aurons des tranches de citrouilles frites dans la graisse d'oie; des gâteaux de miel, des tartes aux fruits; des beignets de fleurs; des crèmes à l'essence de rose. (Il passe la langue sur ses lèvres.)

BRUNETTE, même jeu.

Hum! que cela est friand!

LÉONARD, même jeu.

Après? après?...

TAURATZ.

Et pour finir, la pêche enchantée!

LÉONARD.

La pêche enchantée?

TAURATZ.

Oui! dans cette pêche, il y a un abricot, dans

QUATRIÈME ACTE.

l'abricot il y a une prune; dans la prune une cerise; dans la cerise une fraise et dans la fraise un grain de raisin de Corinthe..... Le tout, arrosé de jus d'orange, s'avale en une bouchée. (Il fait le geste d'avaler.) Hum !... (Il passe la langue sur ses lèvres.) Hum !...

BRUNETTE, même jeu.

Hum !...

LÉONARD.

Par saint Justin (il salue), patron des cuisiniers, voilà un excellent menu !... Et le vin ?...

TAURATZ.

Du meilleur, du vin de Constance.

LÉONARD, faisant claquer sa langue.

Quand il est vieux, c'est du nectar...

TAURATZ.

Il sera vieux..... (Serrant sa ceinture.) Et voilà !...

RALPH, qui s'est levé, s'avançant (même jeu).

Et voilà !....

TAURATZ.

Nous avons joliment dîné !

LÉONARD.

Ah ça ! que dis-tu ? Nous avons fait le menu du repas; mais, corne de bœuf, nous n'avons rien mangé !

TAURATZ.

Pardon, messire barbier; mais chaque fois que j'ai annoncé un mets nouveau, n'ai-je pas fait comme si j'en respirais le fumet ? (Il hume l'air.)

LÉONARD.

Par saint Polycarpe! moi aussi! j'ai fait hum!....
et Brunette aussi!

TAURATZ.

Eh bien, en faisant hum! (Il hume l'air.) tu as dîné
comme nous dînons depuis quinze jours!...

LÉONARD.

Comment! Ces mets succulents qui m'ont fait venir
l'eau à la bouche, n'existent que dans ton cerveau
de truand?

TAURATZ.

Tu l'as dit!... Et j'en sais bien d'autres!... Tiens,
hier, couchés sur le gazon, Ralph et moi, nous avons
dîné... ah! mais dîné!... Je m'en lèche encore...

RALPH.

....L'imagination.

LÉONARD.

Vous gaussez-vous de moi?

TAURATZ.

Maître Léonard est-il mécontent du cuisinier? Un
rôti a-t-il brûlé, une sauce a-t-elle tourné?

LÉONARD.

J'enrage, et Dieu me pardonne, il me semble que
la colère me creuse encore plus l'estomac!.... Allons! donne-moi ce qu'il y a dans l'auberge.

TAURATZ.

Pour dire la vérité, il n'y a que trois œufs....

RALPH.

Pourris.

TAURATZ.

Avec un reste de fromage.

RALPH.

La croûte.

TAURATZ.

Et un peu de beurre...

RALPH.

Rance.

LÉONARD.

Eh bien, mêle le tout, et fais-le cuire. (Soupirant.) Cela fera peut-être une omelette!...

RALPH.

Pas au lard, toujours!

LÉONARD, à Tauratz.

Et pour boire, que me donneras-tu?

TAURATZ.

J'ai encore une pinte de cidre. (Il entre dans la taverne.)

RALPH.

Aigre!

TAURATZ, revenant.

Voilà!... (Il pose le déjeuner sur la table.)

LÉONARD.

Veux-tu y goûter, Brunette?

BRUNETTE, soupirant.

Non....je préfère l'illusion du brochet à l'innocence et du vin de Constance!

LÉONARD.

Ma foi! il vaut mieux mal-dîner que de ne pas dîner du tout.

SCÈNE QUATRIÈME

LES MÊMES, un BATELEUR, un JONGLEUR. — PAQUETTE, BOURGEOIS, BOURGEOISES ET MANANTS.

LÉONARD.

Un jongleur !... Dis donc, Brunette ! si tu n'as pas régalé ton estomac, tu pourras, au moins, régaler les yeux.... Tiens, monte sur l'escabeau, tu verras mieux.
(Il la fait monter sur l'escabeau.)

LE BATELEUR.

Bourgeois et manants ! venez ! venez ici ! et vous verrez le célèbre Jean Goul jongler avec des boules d'or plus grosses que les plus grosses têtes des plus gros bourgeois de la ville de Beauvais ! Pour voir jongler le célèbre, l'illustre, l'unique Jean Goul, il ne vous en coûtera pas deux sols parisis, bourgeois ; il ne vous en coûtera pas un denier, manants. Il ne vous en coûtera rien.... rien que ce que vous voudrez donner à Pâquette ! Plus vous serez généreux et plus Jean Goul sera merveilleux ! (Il étale un tapis à terre.) Allons Jean Goul ! c'est le moment !

(Le jongleur commence à jongler.)

SCÈNE CINQUIÈME

LES MÊMES, GUILLAUME, ANSELME, PAYSANS, TRUANDS

GUILLAUME.

Arrière, bateleurs et jongleurs! Place aux manants, aux serfs et aux vilains! L'angelus va sonner, c'est l'heure de notre délivrance! (Le bateleur, le jongleur et Pâquette sortent.)

LÉONARD.

Par saint Rigobert, je serai mieux dans l'auberge. (Il prend son couvert d'une main, son pain sous le bras, et entre dans l'auberge.)

GUILLAUME.

Mais je ne vois pas Maguelonne?... (A Brunette qui est descendue de l'escaleau.) Brunette, où donc est Maguelonne? Tu détournes la tête?... (A Anselme.) Père Anselme, vous devez savoir où est Maguelonne?... Vous gardez le silence?... Ah! je comprends! Maguelonne a été enlevée par le baron! Maguelonne est perdue pour moi!... (Avec déchirement.) Mais Maguelonne, c'est mon amour, c'est ma vie, c'est mon âme!... (Aux manants, avec force.) C'est votre orgueil, les Jacques! (Aux femmes.) Femmes! c'est votre sœur, c'est votre fille!... Et comprenez-vous bien? Maguelonne est au château de Coudray!

PENTECOTE, qui s'est levée, pensive.

Maguelonne au château de Coudray ! au château de Coudray ! (Elle remonte et sort par la gauche.)

GUILLAUME, à Anselme.

Père Anselme, vous le savez, j'ai erré des jours entiers, demi-nu, sous la neige. J'ai fait, mourant de fatigue et de faim, de longues heures de corvée. J'ai eu les membres brisés par la torture !... Eh bien, je ne savais pas ce que c'était que la souffrance... Souffrir, c'est penser que celle que l'on aime est menacée de l'outrage le plus infâme et qu'on ne peut l'arracher à cet outrage ! Souffrir, c'est trouver les minutes longues comme des heures et les heures longues comme des jours ! Souffrir, c'est avoir de la haine plein le cœur, c'est avoir soif de vengeance !... c'est être fou d'amour et de jalousie !... (Changeant de ton.) Maguelonne serait morte, que pleurer sur sa tombe serait une consolation suprême. Mais ce n'est pas sa vie, c'est son honneur qui est en péril !... Et je suis là, moi ?... Truands et manants !... qu'attendons-nous pour marcher sur le château de Coudray ?...

ANSELME.

Nous attendons Barbe-d'Or.

GUILLAUME, très-véhément.

Mais il sera trop tard pour sauver Maguelonne ! Partons !

ANSELME.

Non, écoute...

(L'angelus sonne.)

GUILLAUME, avec transport.

L'angélus !

ANSELME.

Et voilà Barbe-d'Or !

SCÈNE SIXIÈME

LES MÊMES, BARBE-D'OR.

TOUS.

Vive Barbe-d'Or !

BARBE-D'OR.

Vous m'attendiez, mes amis !

ANSELME.

Oui ! et avec toi, les deux cents lances du prévôt des marchands.

BARBE-D'OR.

Pardon, père Anselme, ce n'est pas aux Jacques de Formerie, c'est à tous les Jacques du Beauvoisis que le prévôt des marchands a donné les deux cents lances. En route, j'ai rencontré des Jacques qui se disposaient à faire le siége de la ville de Meaux, où se trouvent réunis les ennemis d'Étienne Marcel, et pour aider ces Jacques à faire le siége de Meaux, je leur ai laissé les deux cents lances.

GUILLAUME.

Et tu as bien fait, car nous n'avons pas besoin de

soldats pour nous enseigner la bravoure!... Partons!...

ANSELME.

Pas encore. Il faut des armes pour combattre. (A Barbe-d'Or.) Apportes-tu les cent marcs d'or de l'argentier du roi, pour acheter des armes?

BARBE-D'OR, amèrement.

Regarde!... (Il ouvre son habit, et laisse voir sa chemise ensanglantée.)

ANSELME.

Une blessure?

BARBE-D'OR.

Oui, c'est là que j'avais mis le trésor des Jacques!... Mais, la nuit dernière, des brigands m'ont attaqué sur la route. Cependant, grâce à mon épée, je les aurais mis en fuite, si des soldats anglais n'étaient venus leur prêter main-forte... Je suis tombé sous leurs coups; j'ai perdu connaissance. Ils m'ont cru mort, et je serais mort, en effet, si un ange n'était venu me sauver!

ANSELME.

Cet ange s'appelle Isolin?

BARBE-D'OR, bas.

Non, il s'appelle Isoline... (Mouvement d'Anselme.) Et ce matin, lorsque je me suis réveillé, couché au bord du chemin, mon cheval broutant tranquillement près de moi, je me suis demandé si les brigands, les Anglais, Isoline, si tout cela n'était pas un rêve.... Mais tout était vrai, bien vrai... car une blessure remplaçait sur ma poitrine, les cent marcs d'or!... Et le mouchoir d'Isoline pansait cette blessure... Je ne peux donner des armes aux Jacques de Formerie, je ne peux leur donner que mon sang!

GUILLAUME.

Et qu'importe des armes? n'avons-nous pas nos bâtons et nos faucilles?.... partons!

ANSELME.

Pas encore!.... il faut pouvoir nourrir l'armée des Jacques.... (A Barbe-d'Or.) Le roi de Navarre t'a-t-il accordé des vivres?

BARBE-D'OR.

Je suis allé demander des vivres au roi de Navarre, et le roi de Navarre, au lieu de m'accorder ces vivres, les a envoyés à l'armée du Dauphin!...Ah! le roi de Navarre n'a pas été pour rien surnommé Charles le Mauvais! Le roi de Navarre est un traître!,...

GUILLAUME, très-exaspéré.

Nous aurons faim? tant mieux.... nous nous battrons comme des lions affamés!.... partons!

ANSELME.

Pas encore, si les Jacques se livraient à des violences, leur cause serait perdue. Vous devez combattre en soldats et non en bêtes fauves!

SCÈNE SEPTIÈME

LES MÊMES, ISOLINE, en habit de pèlerine.
Elle porte une bannière rouge et bleue.

ISOLINE.

Bien dit, mon père!

ANSELME.

Toi? dans ce costume?

ISOLINE, bas.

Pardonnez-moi d'avoir repris les habits d'Isoline...
Il le fallait pour l'honneur de tous....

BARBE-D'OR, avec passion.

Isoline!.... vous êtes revenue!....

ISOLINE, d'une voix ferme.

Oui, je suis venue au rendez-vous des Jacques!
Je suis prête à panser les blessés, à prier pour les
morts... Le lendemain de votre départ, Bérengère est
entrée au couvent des Ursulines, en me priant de
vous remettre cette bannière. (Elle lui donne une bannière.)

BARBE-D'OR.

Une bannière aux couleurs de Paris!... Amis! voici
un étendard de liberté, de justice et de gloire! Quel
est celui qui veut marcher la bannière du peuple à
la main?

QUATRIÈME ACTE.

GUILLAUME.

Donne cette bannière, Barbe-d'Or. Elle conduira les Jacques à la victoire, où elle me servira de linceul! (Il prend la bannière.)

BARBE-D'OR.

Eh bien, truands et manants, au château de Coudray!...

TOUS.

Au château de Coudray!...

CINQUIÈME ACTE

LE CHATEAU DE COUDRAY

(Une salle du château de Coudray. — Au fond, une large porte. — A gauche, deux portes, un prie-Dieu et un lit de repos. — A droite, une croisée à petits vitraux, — Au premier plan une porte.

SCÈNE PREMIÈRE

MAGUELONNE (seule) ; elle est assise à gauche.

Depuis combien de temps suis-je enfermée dans ce triste château ?.... On m'y a portée à moitié morte de peur.... Combien de temps suis-je restée privée de connaissance ?.... Tout ce que je sais, hélas! c'est qu'un matin, je me suis réveillée dans cette chambre. Le baron était là, debout près de moi; et pour ne pas le voir, j'ai refermé les yeux !.... Je voulais me laisser mourir de faim... mais Léonard m'a parlé de Guillaume, de Brunette, du village; et l'espérance m'est revenue au cœur.... (Elle se lève; elle s'approche de la croisée.) Si je pouvais voir le ciel, les arbres, la campagne, cela me donnerait un peu de joie.... Mais non, pour horizon un grand mur, et au-dessous de larges fossés, noirs et profonds.... Toute triste qu'elle soit, c'est pourtant la clarté de cette fenêtre qui m'indique qu'un jour nouveau se lève, passe et disparaît..... Quinze fois déjà, j'ai vu venir la nuit!..... Quinze fois... nous serions donc au 25 mai!... Les Jacques viendront-ils me délivrer!.... Reverrai-je Guillaume? ou bien resterai-je au pouvoir du baron?... (Avec épouvante.) Le baron!... Ah! je ne peux penser à lui sans frémir.... Sa haine me ferait moins peur que son amour!....(Elle s'agenouille sur le prie-Dieu.) Mon Dieu! n'abandonnez pas la pauvre Maguelonne!... Donnez-lui le courage pour résister, la patience pour attendre, la foi pour prier!... Du bruit...., quelqu'un?... (Elle se lève.) Le baron!...

SCÈNE DEUXIÈME

MAGUELONNE, DE COUDRAY, (il est entré par la gauche.)

DE COUDRAY.

Ah ça! tu trembleras donc toujours devant moi, charmante Maguelonne?.... Pourquoi?.... Depuis que tu es ici, ne t'ai-je pas traitée en damoiselle? N'ai-je pas eu pour toi respect et courtoisie?.. Ai-je été emporté, brutal?

MAGUELONNE.

Non, monseigneur.

DE COUDRAY.

Je t'ai envoyé les atours d'une reine.

MAGUELONNE.

Je ne quitterai jamais mes habits de paysanne, monseigneur.

DE COUDRAY.

Voyons, Maguelonne, que faut-il pour dissiper ta tristesse? que faut-il pour ramener le sourire sur tes lèvres et la gaieté dans ton cœur?

MAGUELONNE.

La liberté!... Ah! monseigneur, laissez-moi partir; laissez-moi revoir les prairies et les champs; laissez-moi retourner au village; rendez-moi à ma misère... je meurs loin du soleil!....

DE COUDRAY.

Eh! bien, dis un mot, et les portes s'ouvrent devant toi... Dis un mot, et tu deviens la souveraine de mon domaine, comme tu l'es déjà de mon cœur!.... Maguelone, je t'aime!....

MAGUELONE, très-simplement.

Et moi, monseigneur, j'aime Guillaume.

DE COUDRAY.

Guillaume! Ah! ne prononce jamais ce nom devant moi, car ce nom excite ma haine et ma fureur!..., (Avec passion.) Et ma jalousie redouble mon amour, Maguelonne!

MAGUELONNE, avec fermeté.

Monseigneur, je vous le répète, j'aime Guillaume! Je l'aimerai toujours.... je n'aimerai que lui!

DE COUDRAY.

Fille insensée que je voulais traiter en damoiselle, et qui me forcera à la traiter en vassale !

MAGUELONNE.

Par pitié !

DE COUDRAY.

Les larmes te rendent encore plus belle !

MAGUELONNE.

N'approchez pas !..... vous me faites horreur !.. ..

DE COUDRAY.

C'est possible, mais je t'aime.

MAGUELONNE.

Ce n'est pas à moi, c'est à une noble châtelaine que vous devez offrir votre amour, monseigneur.

DE COUDRAY.

Mon amour t'anoblira !...

MAGUELONNE.

Dans nos campagnes, les Jacques regardent comme un crime d'aimer une jeune fille malgré sa volonté ! Eh bien, vous, un baron, un seigneur, vous que la fortune a fait grand et puissant, vous ne voudrez pas être moins généreux qu'un Jacques.

DE COUDRAY.

Je t'aime !...

MAGUELONNE.

Si vous m'aimez, ne me réduisez pas au désespoir !... Voyons, monseigneur, il est impossible que vous restiez sourd à mes prières... Votre âme doit renfermer un souvenir, un sentiment, capables de l'attendrir et de la toucher. Eh bien, au nom de ce souvenir, au nom de ce sentiment, je vous supplie, je vous adjure de renoncer à moi.... Je vous le demande à genoux. (Elle s'agenouille.)

DE COUDRAY.

Nous sommes seuls, je t'aime, et je renoncerais à toi ! ah ! ah ! ah !

MAGUELONNE, très-digne.

Monseigneur, je ne suis qu'une pauvre fille, et je ne puis trouver des mots pour me faire comprendre de vous ; mais, sur mon salut éternel, je vous jure que je ne serai jamais à vous.

DE COUDRAY.

Comment pourras-tu te soustraire à mon amour ?

MAGUELONNE, simplement.

Je me tuerai.

DE COUDRAY.

Et comment feras-tu ?

MAGUELONNE, regardant autour d'elle.

La croisée ?...

DE COUDRAY, se mettant devant la croisée.

Tu ne l'ouvriras pas !

MAGUELONNE, courant à la porte du fond.

La porte ?... fermée en dehors... Pas une arme ! pas un poignard !... Rien... rien !... La mort serait une délivrance et je ne peux pas trouver la mort !...

DE COUDRAY.

Tu le vois, tu es à moi..., bien à moi.

MAGUELONNE, le repoussant.

Non !... les larmes et les prières sont impuissantes, n'est-ce pas?... Eh bien, je me redresse, je vous brave !... je vous attends !... (Croisant les bras.) Osez m'approcher !

DE COUDRAY.

Tu me menaces et tu me braves !... Dieu me damne !... je t'aime encore mieux ainsi !... (Il s'élance vers elle.)

MAGUELONNE.

Vous n'approcherez pas !

DE COUDRAY.

C'est ce que nous verrons.

MAGUELONNE.

Monseigneur !...

DE COUDRAY, il l'enlace de ses bras.

Nul pouvoir humain ne t'arrachera de mes bras !

MAGUELONE, criant en se débattant.

Ah !... ah !... A moi !

DE COUDRAY.

Tu peux crier ! personne ne t'entendra ! personne ne viendra à ton aide !

SCÈNE TROISIÈME

LES MÊMES, PENTECÔTE. (Elle entre par la porte du fond.)

PENTECÔTE.

Si !... Pentecôte !

MAGUELONNE, s'élançant dans ses bras.

Ah ! sauve-moi ! sauve-moi !

PENTECÔTE.

Je ne peux pas te sauver la vie, mais je peux te sauver l'honneur ! (Elle ouvre la croisée.)

MAGUELONNE.

Ah !... (Elle s'élance par la croisée).

DE COUDRAY, prenant vivement par le poignet Pentecôte, et la forçant à s'agenouiller.

Tu ne crains pas que je te broie sous ma colère ?

PENTECÔTE.

Non..., car seule je peux vous dire où est votre fils ; et si je mourais, mon secret mourrait avec moi.

DE COUDRAY.

C'est vrai... Parle... parle.. Jeanne ! qu'as-tu fait de mon fils ?...

PENTECÔTE.

Attendez.... attendez.... mes idées ne sont pas encore bien nettes.... Je souffre là.... (Elle touche sa tête) et là..... (Elle touche son cœur.) Mais je le sens, ici, je retrouverai peu à peu la mémoire.... (Elle s'est levée et regarde autour d'elle.)

DE COUDRAY.

Tu n'es donc pas folle, comme ils le disent?

PENTECÔTE.

Folle? Je l'étais encore ce matin; car je ne pourrais dire pourquoi je suis venue ici... Mais en approchant du château, une révolution subite s'est faite en moi... Mille souvenirs se sont pressés dans ma tête... un nuage est tombé de mes yeux, et je peux lire dans le passé.... (Regardant le prie-Dieu.) Ce prie-Dieu, je le reconnais... (Montrant le fauteuil.) Voilà le fauteuil où je berçais sur mes genoux votre petit Robert.... Puis, je descendais dans la campagne... De l'autre côté du pont-levis se trouve une grande prairie, et le petit Robert jouait pendant de longues heures sur la grande prairie.. Oui, je me rappelle!... J'aimais tant votre petit Robert!... Mais j'aimais bien aussi mon enfant!... Je l'avais laissé au village... et un jour, pardonnez-moi, monseigneur, je voulus aller le voir; et serrant votre fils sur mon cœur, je courus à ma chaumière, souriant déjà à l'idée que les deux enfants, comme deux jumeaux, s'embrasseraient dans mes bras.... J'arrive... heureuse, joyeuse... et je trouve.... le berceau vide!... Mon pauvre enfant était mort!... Ce fut un coup terrible dans ma tête, et je crois bien que c'est alors que je devins folle.

DE COUDRAY, la forçant à s'agenouiller.

Oui, mais mon fils?

PENTECÔTE.

Votre fils?... Ah! je me souviens! Je lui enlevai ses beaux habits, je lui mis des langes grossiers, et le couvrant de baisers : « Non... me dis-je, mon enfant n'est pas mort!... »

DE COUDRAY.

Après?...

PENTECÔTE.

Après, j'eus peur!... Oui, j'eus peur qu'on ne m'enlevât l'enfant.... et je m'enfuis, le tenant dans mes bras!... Je marche... je marche!... Tout à coup, une cloche sonne lentement dans les airs. Il me semble que c'est une voix qui m'appelle et me dit... « Viens... ton enfant sera ici à l'abri de tout danger. » Je marche... encore... encore... encore...

DE COUDRAY.

Eh bien?

PENTECÔTE, avec désespoir.

Eh bien, je ne me rappelle plus rien.... rien que de m'être trouvée un jour, au milieu d'une compagnie de truands.... Mais je n'avais plus d'enfant!....

DE COUDRAY.

Qu'en avais-tu fait?

PENTECÔTE.

Je ne sais pas... Ah! vous voyez bien que je suis folle encore, puisque je ne sais pas ce que j'ai fait de mon enfant!...

DE COUDRAY.

Du mien, femme!

PENTECÔTE, à elle-même.

Je l'avais nourri de ma tendresse et de mon lait...

DE COUDRAY.

Je suis las d'attendre!... Jeanne, réponds! qu'as-tu fait de mon fils?

PENTECÔTE.

Ah! ne me regardez pas ainsi, ou le peu de raison qui me reste s'en ira tout à fait....

DE COUDRAY, d'un ton doux.

Eh bien, Jeanne, moi qui n'ai jamais courbé le front devant personne, je t'implore... Qu'as-tu fait de l'enfant qui, maintenant, serait un homme? Qu'as-tu fait de l'héritier de mon nom, de mes biens, de mon fief? Qu'as-tu fait de celui dont la vie m'était plus chère que la mienne... qu'en as-tu fait?... Réponds!

PENTECÔTE. (Elle se relève.)

Je jure que je donnerais ma part de salut pour pouvoir vous répondre...

DE COUDRAY, à Pentecôte qui se dirige vers la gauche.

Où vas-tu?

PENTECÔTE.

Dans la chapelle du château. Je vais prier Dieu de rendre à mon âme la page déchirée de ma vie. Je vais prier Dieu de faire revivre les souvenirs évanouis. Je vais prier Dieu de me dire ce que j'ai fait de votre fils!

DE COUDRAY.

Va!... (Pentecôte sort par la droite.)

...

SCÈNE QUATRIÈME

DE COUDRAY, FULCRAND. (Il entre par le fond.)

FULCRAND.

Monseigneur !...

DE COUDRAY.

Qu'y a-t-il, Fulcrand ?

FULCRAND.

Une bande de Jacques et une compagnie de truands marchent sur le château.

DE COUDRAY.

Qu'on se prépare à les recevoir !

FULCRAND.

C'est fait, monseigneur !

DE COUDRAY.

C'est bien.... (Il le congédie du geste.)

FULCRAND.

Pardon, monseigneur....

DE COUDRAY.

Qu'y a-t-il encore ?

FULCRAND.

Les manants vous envoient un messager.... et ce messager est là....

DE COUDRAY.

Qu'il entre ! (Fulcrand sort) (haussant les épaules.) Un émissaire des Jacques ! voilà qui est plaisant.... (Il rit.) Ah ! ah !

SCÈNE CINQUIÈME

DE COUDRAY, BARBE-D'OR. (Il entre par le fond.)

BARBE-D'OR.

Ne riez pas, monseigneur, la guerre de vos paysans sera terrible !

DE COUDRAY.

Barbe-d'Or?... Tu viens me braver jusque chez moi, truand? Tu pourrais te repentir d'avoir franchi le pont-levis de mon château !...

BARBE-D'OR.

Vous êtes-vous repenti d'avoir franchi le seuil de mon hôtellerie? D'ailleurs, ce n'est pas en ennemi, c'est en parlementaire que je me présente à vous.

DE COUDRAY.

Je t'écoute.

BARBE-D'OR.

Baron de Coudray, pendant que je vous parle, les manants du Beauvoisis sont là, prêts à attaquer votre château.

DE COUDRAY.

Je le sais.

BARBE-D'OR.

Mais ce que vous ne savez pas, c'est qu'il est encore temps d'empêcher cette révolte.

....

DE COUDRAY.

Et que faudrait il faire pour cela?

BARBE-D'OR.

Il faudrait accorder aux vassaux ce qu'ils demandent.

DE COUDRAY.

Et que demandent-ils?

BARBE-D'OR.

Pour commencer par leur chef, Guillaume réclame Maguelonne, sa fiancée.

DE COUDRAY, ricanant.

La fiancée de Guillaume?... Tiens, regarde.. (Montrant la croisée.)

BARBE-D'OR, regardant.

Morte!... Je comprends!... (avec tristesse) Ah! pauvre Maguelonne!...

DE COUDRAY.

Voilà ma réponse à Guillaume... Et les autres manants, que demandent-ils?

BARBE-D'OR.

La suppression des rançons de guerre et des redevances, qui épuisent leurs ressources; la suppression de la corvée, qui épuise leurs forces; la suppression de la torture, qui épuise leur vie....

DE COUDRAY.

Ah! mes Jacques trouvent qu'ils payent trop de redevances et de rançons? Eh! bien! ils payeront en plus les rançons d'Enguerrand de Coudray, d'Henri de Coudray et de Bernard de Coudray, prisonniers de guerre des Anglais. Ah! ils se plaignent de la corvée? Eh bien! à partir de demain les travaux de la corvée seront doublés et triplés! Ah! ils ne veulent ni du fouet ni du bâton. Eh bien! ils auront le cachot, le bourreau et la corde.... J'ai dit....

BARBE-D'OR.

C'est bien!...(Il détache une plume de son chapeau, et remonte vers le fond.)

DE COUDRAY.

Que fais-tu?

BARBE-D'OR.

Je transmets aux Jacques votre réponse.

DE COUDRAY.

Te moques-tu?

BARBE-D'OR.

Rien n'est plus sérieux, monseigneur.... (Il jette la plume, qui s'envole. — La suivant du regard.) Bon! le vent est propice....

DE COUDRAY.

Que regardes-tu?

BARBE-D'OR.

Ce petit bouquet d'arbres à gauche.... C'est là que, réunis sous la bannière de Guillaume, les Jacques attendent votre réponse, pour retourner tranquillement chez eux, ou pour attaquer le château.... Les voilà qui se mettent en marche.... Tenez.... les voyez-vous.

DE COUDRAY.

Oui! et par l'enfer, ils se dirigent de ce côté....

BARBE-D'OR.

C'est qu'ils ont reçu votre réponse, monseigneur!...

DE COUDRAY.

Mais comment a-t-elle pu leur parvenir?

BARBE-D'OR.

Ah ! c'est bien simple !... J'avais une plume à mon chapeau.... Je l'ai choisie pour messagère.... Cela n'a l'air de rien une plume jetée au vent! Légère et rapide, elle fend l'air comme un oiseau.... Ma plume a passé sur la tête de vos hommes d'armes, monseigneur.... Ma plume était le signal convenu entre les Jacques et moi, et dès qu'ils l'ont vue apparaître sur le ciel, ils se sont mis en marche, pour obtenir par la force ce que vous refusez de leur accorder de plein gré.

DE COUDRAY.

Le baron de Coudray sait se venger, Barbe-d'Or !... Pour instrument de ma vengeance, ce n'est pas une plume que je choisirai, c'est le bourreau !

BARBE-D'OR, pâlissant.

Le bourreau....

DE COUDRAY.

Ah ! ah ! tu ne ris plus... Tu ne t'attendais pas à cette réponse... Tu ne connaissais pas le baron de Coudray.

BARBE-D'OR.

Pardon, je le savais capable de toutes les noirceurs et de toutes les perfidies !... Je savais qu'en venant chez lui je jouais ma tête.

DE COUDRAY.

Et tu es venu ?

BARBE-D'OR.

Et je suis venu !... Je suis venu, parce que c'était

mon devoir.... Devant chaque danger j'entends une voix qui me crie : « Va ! » Et que le danger s'appelle l'épidémie, la guerre ou l'assassinat, je le brave !... Le reste à la garde de Dieu !...

DE COUDRAY.

Ce qui t'attend, cette fois, c'est le cachot, la torture, la mort !

BARBE-D'OR, résolument.

Eh bien, le cachot, la torture, la mort !...

DE COUDRAY, à part.

Son visage reste calme, son regard assuré !... Mais je ne pourrai donc jamais faire courber ce front orgueilleux, ni voir souffrir cette âme altière ?

BARBE-D'OR.

Monseigneur, j'attends le bourreau et la mort !

DE COUDRAY.

Non, cette mort serait trop douce ; je t'en réserve une autre... Tu aimes les Truands, n'est-ce pas ?

BARBE-D'OR.

Je suis à eux corps et âme.

DE COUDRAY.

Eh bien, tu mourras de leurs mains.

BARBE-D'OR.

Moi ?... tué par mes soldats ?...

DE COUDRAY.

Ah ! ah ! j'ai touché juste, cette fois. (Appelant) Archers ! (Quatre archers paraissent.)

BARBE-D'OR.

Où ces hommes vont-ils me conduire ?

DE COUDRAY.

Sur la plate-forme du château !... Les Truands en ont fait leur point de mire.... Les Truands que tu aimes tant, seront tes meurtriers.

BARBE-D'OR.

Non, vous ne commettrez pas une pareille infamie !

DE COUDRAY, aux archers.

Archers ! liez les mains de cet homme. (Deux archers lient les mains de Barbe-d'Or derrière son dos.) Bien !... Maintenant, conduisez-le sur la plate-forme, et attachez-le là où les pierres des Jacques et les traits des arbalètes des Truands tombent comme grêle.

BARBE-D'OR.

Misérable!

(Les archers emmènent Barbe-d'Or par le fond.)

SCÈNE SIXIÈME

DE COUDRAY seul, puis FULCRAND.

DE COUDRAY.

Enfin, je ne rencontrerai plus sur ma route ce chevalier des gueux !... (Haussant les épaules.) Il osait me braver et me résister, l'insensé !... Quant aux Jacques et aux Truands. Ah ! à présent je ne les crains plus !

FULCRAND, il arrive par la gauche.

Alerte ! alerte, Monseigneur !

DE COUDRAY.

Et pourquoi ? Je défie les manants de franchir le pont-levis.

FULCRAND.

Oui ; mais ils ont brisé la poterne.... ils envahissent le château !

DE COUDRAY.

Que dis-tu ?

FULCRAND.

Je dis que rien n'arrête leur chef qui, toujours à leur tête, les excite, en agitant un étendard.

DE COUDRAY.

Eh bien ! Fulcrand ! point de quartier ! va.... (Fulcrand sort par la gauche). Leur chef, c'est Guillaume ! (Bruits confus, cris lointains de vive Guillaume !)

GUILLAUME, à la cantonade.

Amis, le château est à nous !

DE COUDRAY.

Guillaume ! Ah ! il n'entrera pas ici vivant !....

SCÈNE SEPTIÈME

DE COUDRAY, GUILLAUME (tenant la bannière, à laquelle il n'y a plus de hampe). (RALPH, TAURATZ, PAYSANS, TRUANDS, armés de bâtons et de piques.)

DE COUDRAY fond sur Guillaume et le frappe de son poignard.

GUILLAUME, chancelant.

Ah !... (Les paysans et les truands s'avancent, menaçants, vers de Coudray.) (Guillaume les arrête du geste.)

PENTECOTE, *entrant par la droite; elle se précipite vers lui.*
Guillaume!

GUILLAUME, *il s'affaisse, aidé de Pentecôte.*
Pentecôte! Ma blessure est mortelle... Et Maguelonne?...

PENTECÔTE.
Morte en prononçant ton nom!

GUILLAUME.
Maguelonne n'est plus, et je meurs pour la délivrance des Jacques... Ah! ne pleure pas, Pentecôte, je ne regrette pas la vie... J'emporte une consolation suprême! Moi qui n'ai pas eu de berceau, j'aurai du moins un linceul!... (Il s'enveloppe de la bannière.) Ah!... (Il meurt.)

PENTECÔTE (à part.)
Pas de berceau?... C'est vrai! Guillaume a été trouvé sur les marches du couvent de Saint-Jérôme?... Le couvent de Saint-Jérôme!... (Elle se frappe le front, et pousse un grand cri.) Ah! je me rappelle, je me rappelle, enfin!... C'est là que, dans ma folie, j'abandonnai le pauvre enfant... Je me rappelle.... je me rappelle!... (A de Coudray qui est tombé sur le lit de repos, le front dans les mains, et qui est gardé à vue par les paysans et les truands.) Baron de Coudray! tu me demandais ton fils!... (Montrant Guillaume mort.) Le voilà!

DE COUDRAY, *il se lève avec désespoir.*
Mon fils!... Guillaume était mon fils! Pendant vingt ans, j'ai cherché ce fils!... Pour le retrouver j'aurais tout donné, fortune et puissance.... Et il était près de moi.... Et le destin en avait fait un Jac-

ques.... Et je le haïssais, je le persécutais.... je l'ai frappé.... Et aucune voix ne m'a crié.... Arrête !. c'est ton fils !... Non, parce que le ciel voulait me punir. Il voulait m'infliger un supplice plus cruel encore que la torture que je faisais subir à mes vassaux !... Mon château est pris, mes hommes d'armes sont en fuite, mon fils est mort !... Il ne me reste rien, plus rien ... que la rage et le désespoir.

SCÈNE HUITIÈME

Les Mêmes, BARBE-D'OR, ISOLINE.

BARBE-D'OR.
Il te reste la vie, baron, et c'est trop !...
DE COUDRAY, stupéfait.
Barbe-d'Or !... Est-ce possible !...
ISOLINE, s'avançant.
Oui, dans le tumulte du combat, j'ai pu arriver jusqu'à la plate-forme ; j'ai pu détacher les liens qui enchaînaient Barbe-d'Or, j'ai pu le sauver !
BARBE-D'OR.
Baron de Coudray, j'ai à venger Maguelonne, j'ai à venger Guillaume !... En garde ! (De Coudray tire son épée, ils se battent.) (Barbe-d'Or blesse de Coudray.)
DE COUDRAY, chancelant.
Fulcrand !... à moi ! à moi !... Des truands ?... des Jacques ?... Ils me laisseront mourir !... Moi, mou-

rir?... Non!... non!... je ne veux pas mourir!... Je veux rester debout.... je veux frapper... frapper encore.... frapper toujours!... Ah!... ah!... ah!... (Il râle en frappant l'air de son épée, et meurt, en tombant sur le lit de repos.)

BARBE D'OR.

Justice est faite!... L'orage a passé, brisant tout devant lui, les seigneurs et les Jacques! Mais des siècles nouveaux se lèveront où il n'y aura plus sur la terre de France ni Jacques, ni seigneurs! Il n'y aura que la concorde et la liberté!

FIN.

PARIS. — TYPOGRAPHIE LAHURE
9, rue de Fleurus, 9.

EN VENTE CHEZ LES MÊMES ÉDITEURS

PIÈCES DE THÉATRE, BELLE ÉDITION, FORMAT GRAND IN-18 ANGLAIS

Typographie Lahure, rue de Fleurus, 9, à Paris.

www.ingramcontent.com/pod-product-compliance
Lightning Source LLC
Chambersburg PA
CBHW060206100426
42744CB00007B/1184